人の心を
操作する

ブラック
マーケティング

芳川充・木下裕司　著

SOGO HOREI PUBLISHING CO., LTD

まえがき

「ステマ」というキーワードが2012年の年明けから、テレビ・新聞を中心に盛んに報道され、一気に世の中に広がりました。

「ステマ」という言葉はビジネス・マーケティングの世界のものです。通常、このようなビジネス用語が、世の中に爆発的に広がるということはありません。

しかし実際には、「なんだ　ステマか……」といった書き込みが、ビジネスマン以外の学生や主婦などが活用するような、インターネット上の掲示板や動画共有サービスなどで、頻繁に見られるようになっています。

この爆発的な広がりのきっかけとなったのは、2012年の1月に月間3000万

まえがき

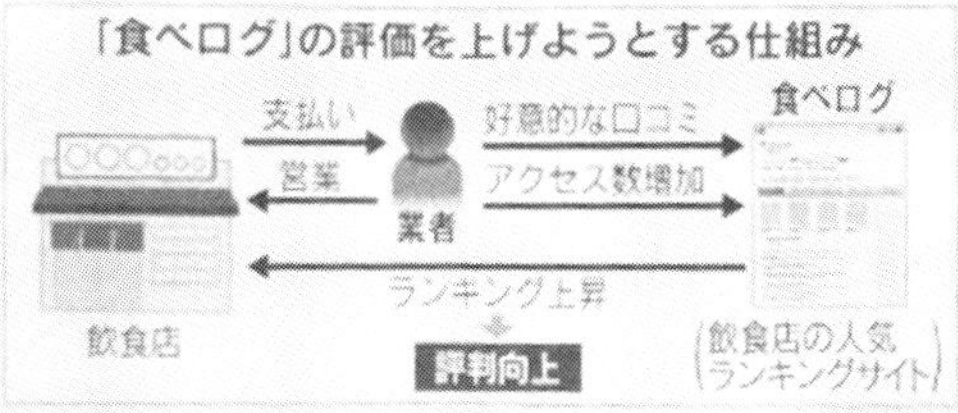

「食べログ」にやらせ投稿

カカクコム　悪質業者に法的措置も

価格比較サイト大手、カカクコムが運営する人気グルメサイト「食べログ」で、金銭を受け取って飲食店に好意的な口コミを投稿するなどし、ランキングを上げようとする「やらせ業者」が水面下で活動していることが4日、分かった。同社は昨年末時点で39業者を特定。評価システムの改良など対策を強化し、悪質な業者に対しては法的措置も検討する。

関係者によると、やらせ業者は飲食店への訪問や電話などで食べログへの口コミ投稿を「営業」しているもよう。カカクコムは昨年1月からこうした業者を把握し、事実確認やサイト内で注意を呼びかけてきた。

食べログは利用者が投稿した飲食店への評価などを集計し、5点満点で点数を表示するほか、店に関する口コミなども紹介する仕組み。カカクコムは独自の評価システムを導入して不自然な投稿を排除したり、担当者による口コミの内容確認なども進めたりしているが「やらせ投稿を完全になくすのは難しい状況」（同社）という。

同サイトは昨年11月の利用者が約3200万人で、グルメサイトとしては国内最大規模。同社は今後も自社での対策を強化するほか、行政などと連携し不正行為の防止を徹底したい考えだ。

（日本経済新聞 2012 年 1 月 5 日付朝刊）

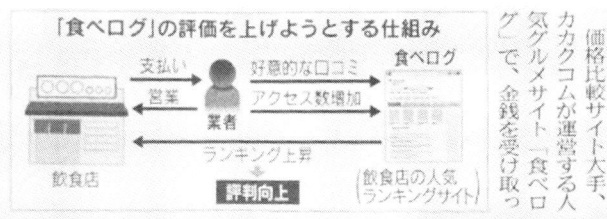

人以上が利用する「食・グルメ」をテーマにしたランキングサービス「食べログ」に、一般消費者を装って、そこに登録されている飲食店にとって都合が良い、「高評価」をつけるという専門の業者が39社もあることが、「食べログ」を運営する株式会社カカクコムより発表されたことでした。

特に、2000年代に入って次々に明るみとなった食品偽装問題や、2011年に起きた東日本大震災にからむ原発問題で、情報隠蔽《いんぺい》や操作などに対する世間の目が厳しくなっている最中だったこともあり、一気に波及したのです。

ステマとは「ステルスマーケティング」の略です。

ご存知の方も多いと思いますが、この言葉に用いられている「ステルス」とは、戦闘用車両・軍艦・航空機などの位置を探知する「レーダー」に映らない技術であり、その行動がわからないものです。

つまり「気づかれない」ということです。

ステルスマーケティングを直訳すると、「消費者に気づかれない販売戦略」となりますが、一体何を気づかれないようにしているのでしょうか？

それは「こちらに都合の良いでっち上げの宣伝」です。わかりやすく一言で言えば「サクラ」「ヤラセ」です。

あたかも、「この商品・サービスは素晴らしい」と、サービス提供側ではなく、消費者を装って発言することで真実味を持たせ、購買を誘うというものです。

サクラを使った商売は昔から広く行われています。

しかし、インターネットの普及、さらにはブログやツイッター、フェイスブックといった個人の発言を拡散しやすくなったことで、問題が起き始めたのです。

それは、「多少粗悪な製品でも、嘘をつけば売れる」ということにつながります。

粗悪なものであれば消費者は損をする機会が増えることになりますし、それにより、真面目な業者は、自分達のサービスや製品に対しての自信を無くしてしまったり、「良いものを作ろう」というモチベーションを失ってしまう可能性もあります。

つまり、ステルスマーケティングが横行する世の中では、多くの真面目な人が損をするのです。

それでは、ステマを見破るにはどうすればよいのでしょうか?

高度なインターネットについての知識を身につけなければならないのかというと、そうではありません。

この本でご紹介する、ステマを見破る「いくつかのポイント」を覚えさえすれば、あなたにも判断ができるようになります。

また、サービスを提供する側にとっても、新製品が出たことを仲の良い友達にブログやSNSで宣伝してもらうことでも、「ステルスマーケティングだ」と非難を浴び、本業のビジネスに悪影響が発生する可能性もあります。

この本の著者である私達（芳川充・木下裕司）も、検索エンジンでの上位表示のお手伝いや、企業・個人のブランディングといった、インターネットでのお客様の売上アップのお手伝いをしています。

正直申し上げると、実際にインターネット上の販促においては、推薦をお願いしたり、広告を出したりしますので、「ステマ」という言葉には非常に敏感です。

自分達がステマを行ってしまい、第三者の善良な消費者を欺くようなことがないように、日々気をつけています。

そして、日々気をつけているからこそ、何が嘘で何が本当かといった、「ステマを見破る技術」も培うことができています。

この本はステマと日々向き合う私達が、日ごろから気をつけるべきポイントをまとめました。

是非、最後まで読んでいただき、この情報過多の時代に本物を見極める力をつけ、より人生を豊かにしていただければ幸いです。

平成24年8月

芳川充
木下裕司

人の心を操作するブラックマーケティング

目次

第1章 ステマ入門

第2章

国内におけるステマ事例

第3章

ステマに関する規制

第4章　ステマを見破る技術（基礎編）

第5章

サービス特性ごとのステマを見破る技術

第6章 「逆ステマ」と対策

第7章 ステマをしないために

装　丁　lil.inc
図表作成　横内俊彦

第１章
ステマ入門

ステマの定義

「ステルスマーケティング」とは、敵のレーダーに映されず、こちらの行動がわからないような**「ステルス兵器」**と、ビジネスにおける「お客様獲得」や「見込み客集め」などを意味する**「マーケティング」**を組み合わせた言葉です。

この言葉を広い意味で考えれば、

「消費者に、宣伝とは気づかれないように行う宣伝行為」

となりますが、これだけでは範囲が広すぎて、理解しにくいものです。

例えば、あなたが二日酔いを数時間以内に覚ますことができるような、画期的なサプリメントやドリンクを開発したとします。

そして、その製品を使った人に「正直な気持ちで、効果や感想をブログなどで発表して欲しい」とお願いしたところ、非常に高評価の感想が書かれて、その感想を見た人々からたくさんの注文をいただいたような場合はいかがでしょうか。

あなたは「正直な気持ち」を求めていたわけですから、批判がある可能性も覚悟していたわけです。

しかし、ライバル会社などから、「それは、ステルスマーケティングではないか？」と文句を言われる可能性もあるのです。

また、無料体験サービスや無料サンプルセットプレゼント、無料アドバイスといったことにおいて、その製品やサービスについての感想を書いても、無料なので不利益を受ける人が誰もいない場合や、商品の良さを表現するために、利用者の体験談や感想などを活用するもののすべてをステマと呼ぶのは適当ではありません。

もし、マーケティングや販売のために、「第三者の声」を使うことがすべてステルスマーケティングとされてしまうのならば、「利用者の感想」を掲げているような商品・サービス・店舗などはすべて該当してしまうでしょう。

ですので、この本ではステルスマーケティングを次のように定義します

「倫理的な問題があることを理解している上で、善良な第三者を装い、意図して消費者を欺く目的で行うマーケティングおよび販売促進活動」

①消費者を欺く
②善良な第三者を装う

この二つのポイントが重要です。

つまり、善良な第三者である、お客様の声などを掲載するような、商品の宣伝とは思われない宣伝行為でも、消費者を欺くものでなければステルスマーケティングには該当しないということです。

このように定義すれば、ステマは根本に「消費者を騙そう」「悪いところを隠そう」という倫理的問題がある手法であることが、よりわかりやすくなります。

昔からあるステマ

実は、歴史的に言えば、人を欺いて商売をすることはたくさんありました。

例えば、落語などをご存知の方はなじみがあるかもしれませんが、江戸時代の「ガマの油売り」です。

売り子が刀で自分の腕を切ってみせて、血が出てきたところに、ガマの油を塗ると、傷が一瞬にして治ってしまって、無傷な状態になるというものです。

もちろん、本当に一瞬で傷を治すものもあったのかもしれませんが（実際にあればお目にかかりたいですが）、実際は「切っ先」だけがよく切れる刀を用意し、まずはその切れ味を紙や野菜などを切って見せつけた上で、切っ先以外の切れない部分を使って腕を切るふりをします。

その「切れない部分」にはあらかじめ、油で落とすことのできる「赤い塗料」が塗られているため、肌に当てれば「赤い線」が腕につきます。それを「切り傷」であると、さも切ったように客を欺き、がまの油をその赤い線の部分に塗って、切り傷を消してみせるというものです。

実際には切り傷など無いのに、見ている人たちを欺きながら、商売をしていたのです。

このようなガマの油売りは、第三者がおらず、売っている人間自身が自分の体験を元に宣伝をしているので、ステルスマーケティングには該当しません。

しかし、「お客様を欺き、商売をする」という手法は昔から存在し、それが多様化、複雑化していく中で、現在のステマのような形に進化したのです。

例えば、今のようにインターネットが販促活動の中心となる以前から現在も存在している、

①行列の「並び屋」

②パチンコの「おとり」

③イベントやライヴを盛り上げる「サクラ」
④健康関連の「やらせ」
などは、一般的にステルスマーケティングと言えるでしょう。

①行列の並び屋は、「人は行列ができていると、良いものだと信じ込みやすい」という性質を利用したものです。
行列ができていれば、人は一瞬で（これだけたくさんの人を集め、しかも並ばなければ手に入らないのであれば価値があるに違いない）と思ってしまいます。

たとえそれが、行列を作らせた店がお金を払って並ばせた「一般客」であっても、それが発覚しなければ、ほとんどの客は満足します。

なぜかというと、ここでもう一つの人間心理である、「人は自分で買ったと思うと得したと感じる。買わされたと思うと損したと感じる」が働くからです。

多少、サービスや商品が粗悪でも、「並んでまで手に入れたものだ」と客自身が思うことで、勝手に価値を感じてくれるのです。

逆に、サービスや商品がとても良いものでも、友達や知り合いにお願いされて買ったとき、「買わされた」と客自身が思ってしまうと、その価値を感じにくくなるのです。

②パチンコの「おとり」は、パチンコ店の中に一般客のふりをした、パチンコ店側の人間が紛れ込んで、大当たりを出すというものです。

それを見たほかの客は「ここのパチンコ屋は、あんなに気前よく当たりを出すのか。自分にも大当たりの可能性があるかもしれない」と思い、ますますパチンコにのめり込んでいきます。

「おとり」がやっている台以外は、大当たりがしにくいように設定されていることがほとんどですので、多くの客が負けるのです。

そして、一度負けた客のほとんどは「負けた分を取り返そう」と思い、ますますパチンコにのめり込み、負け続けていくのです。

③イベントやライヴを盛り上げる「サクラ」は、イベントやライヴ会場の最前列や、撮影カメラなどに写りやすい場所に配置され、大歓声を出し大きな拍手をしたり、跳んだり跳ねたりといった大きなアクションをして、会場の雰囲気を盛り上げていきます。

その場に参加した客は、「こんなに盛り上がる人がいるのだから、自分も盛り上がらなくてはいけない」と思い、サクラと一緒になって会場を盛り上げていきます。

そして、さらにそれを、その会場以外で「映像」などで見た人たちは、「こんなに盛り上がっている人のイベントやライヴに行かなければ、流行に乗り遅れるかもしれない」「これだけ盛り上がっているから、人気があるのだろう」と思って会場に足を運ぶのです。

④健康関連の「やらせ」は、医学的・科学的根拠が全く無いのに、「この食べ物だ

け食べたら10キロ痩せた」「これを食べて重い病気が治った」「このサプリを飲んで頭が良くなった」という、お客を騙すための嘘の事実をでっちあげるものです。

実は、この「やらせ」は「プラシーボ効果（偽薬効果）」という科学的根拠に基づく手法を利用しています。

人は、医学的・科学的に根拠の無い、ニセモノの薬を処方しても、「効果のある薬だ」と信じ込むことによって何らかの改善がみられることがあります。

この改善は本人自身が自覚する効果だけでなく、客観的にも、効果が測定できるようなものを引き起こすこともあります。

「薬を飲んでいる」という精神的な安心感が、このような改善を引き起こすとも言われていますが、「レモン」や「梅干」をイメージした人間が、実際に口の中にそれらが無いのにもかかわらずツバが口の中にわくように、人間のイメージの力は身体的な変化も引き起こす力があるため、「やらせ」であっても効果が出ることが多いのです。

いかがでしょうか。

このように、**私達の生活の身近なところに、実は昔から様々なステルスマーケティングは存在しているのです。**

ステマが爆発的に広がった理由

さて、それではなぜ、「ステルスマーケティング」という言葉が２０１２年の１月から爆発的に世間に広がり始めたのでしょうか？

実は、ステマという言葉自体は、２００５年頃から使われていた言葉でした。

当時は、ライブドアブログ・楽天ブログ・アメーバブログ・ヤフーブログといったブログサービスが乱立し始めた時期でした。

その際、「ブログマーケティング」ということで、読者の多いブログを運営する「アルファブロガー」「人気ブロガー」と言われる人たちに、宣伝してもらいたい企業が、お金を支払って「やらせ」や「さくら」のような推薦記事を書いてもらうことが流行しました。
日々読んでくれる読者が多い人気ブログを運営する人は、一つの推薦記事を書くだけで数万円の報酬を得られる場合もありましたし、全く無名の主婦でも1記事100～1000円ぐらいのお金をもらえることもあったため、「お金が稼げる」という意味でも、ブロガーたちはこぞって推薦記事を書いていました。

また、「2ちゃんねる」をはじめとした、インターネット掲示板で、第三者を装い、「これが最近人気らしいよ。詳しくはhttp://・・・」というような推薦書き込みをしたり、「ヤフー知恵袋」をはじめとした、質問回答サービスなどで、「夏前にダイエットしたいのですが、良いサプリありますか?」という質問をでっちあげ、「この商品が良いですよ。私は1週間で10キロ痩せました　http://・・・　」という回答もでっちあげるというような手法も行われ始めていました。

どちらも現在でも行われています。効果が無ければそのようなことをする必要は無くなるので、顔の見えないインターネット上では、このような手法はこれからも存続していくと思われます。

しかし、今まではそれが社会問題化することはありませんでした。

それが一気に表面化した理由の一つが、２０１２年１月に全国の飲食店を網羅して掲載している、口コミ情報サイト「食べログ」（http://tabelog.com/）での問題でした。

「食べログ」は、従来、掲載される飲食店側がお金を払ったり、自ら登録しなければならなかったグルメサイトとは違い、利用者側が飲食店を登録することができるため、「インターネット上で広告宣伝をしない飲食店」も検索できることを可能にした飲食店のデータベースサービスです。

２０１２年で60万件を超える全国の飲食店が掲載されており、日本一、飲食店についての情報が登録されているインターネットサービスです。

その「食べログ」に掲載されている飲食店には、すべて「5点満点の評価」が付けられています。

飲食店の利用者が、利用したお店の評価をすることが、その点数に反映されます。点数が高くなればなるほど、「不味い」「遅い」「高い」といったことでの店選びで失敗しない確率が高くなります。特に5点満点中、3・5点を超える評価を持つ飲食店は美味しいと判断されやすく、インターネットユーザーからも「評価の信憑性が高い」とされています。

実際に、「食べログ」に投稿されている口コミの数は200万件以上にのぼり、肯定的な内容だけでなく、否定的な内容も掲載されています。

さらに、文章だけでなく、利用者自身が撮影した写真も500万枚以上も投稿されており、月間3000万人以上の利用者がいるとされている人気サービスです。

その「食べログ」を運営する株式会社カカクコムが、2012年1月に行った発表が、ステルスマーケティングという言葉を一気に全国に波及させました。

それは、「『食べログ』に掲載されている飲食店に対して好意的かつ高評価の書き込みを捏造することにより、その店の評価を故意に向上させ、ランキングの上位に位置づけるということで飲食店側からお金をもらうという業者が39社も見つかった」というものです。

実は２０１１年の１月頃から、「食べログ」に掲載されている飲食店から「食べログ」側に、「不正業者から食べログへの口コミ代行等の営業を受けた」という通報がされていたのです。

その際に、その不正業者が示した営業資料等に基づいて、「食べログ」側が独自調査を行い、１年間かけて39社を特定したのです。

「食べログ」は、公平かつ中立的な立場で運営を行っているため、その公正さを悪用して、利用者を欺く書き込みを行い、さらに金銭を得ている業者の存在を許すことはできません。

しかも、高い評価を受けた店には、実際に行列ができるほどの影響があったところも多かったのです。その高い評価が「お金」で左右されていたというのは、利用者にとって大きな落胆を生みました。

「食べログ」を運営する株式会社カカクコムは、社会的責任も大きい上場企業であることから、このような問題を是正するために発表を行いました。

消費者庁もこの問題についての検討を行ったこともあり、メディア各社が大きく取り上げたことで、ステルスマーケティングという言葉が一般化したのです。

長い間蓄積した消費者の不満

実は、「食べログ」の問題で一気に広がったステルスマーケティングですが、「食べログ」はあくまでキッカケにすぎませんでした。

一つの契機となったのは、フジテレビ系列局で毎週日曜日に放送されていたテレビ番組「発掘！　あるある大辞典」が２００７年1月に起こした捏造問題です。「納豆を食べるだけでダイエット効果がある」と番組で取り上げたところ、スーパーやコンビニの店頭から納豆がなくなってしまうほどの反響がありました。しかし、番組で紹介されたダイエット効果についての実験は実際には行われておらず、データが「捏造」されたものであることが発覚しました。

さらに、その後の内部調査で過去にも同じようなデータの捏造が行われていたことが判明して、番組は打ち切りとなりました。

捏造の背景には、高い視聴率を得るため、内容を派手にして盛り上げたいという制作者の意向や、限られた経費の中で、実験や検証をする費用が無かったということもあったとされています。

しかし、１９９６年から２００７年まで、10年以上にも渡って放送されてきた番組が起こした捏造問題でしたので、社会的にも大きな非難の的になったのです。

そして、この捏造問題に端を発して、食肉の偽装問題や、有名料亭での食材使いまわし問題といった一連の「消費者を欺く」問題が次々と露呈したことで、消費者に「企業側が消費者に嘘をつく、欺くことがある」という意識が生まれたのです。

そこでテレビや、有名企業からの情報をそのまま信用することをやめた消費者は、徐々にインターネットの口コミサイトの情報を信用するようになったのです。

インターネットの口コミサイトは、「口コミ」という言葉が、一般大衆が口頭で伝え合っているというイメージを持たせるように、情報を発信するのは企業よりも圧倒的に一個人の「消費者」だと思われました。

ですので、たくさんの消費者が、口コミサイトの情報を信じるようになり、ひいては、そこで高い評価を得たお店には行列ができるというほどの力を持つようになったのです。

そして、２０１１年に東日本大震災が起こります。

「絆」というキーワードが流行語大賞にノミネートされたように、震災からの復興に向けて、皆がお互いを信じ、絆を持って頑張ろうという機運が高まっている時に、原発問題などの情報操作や隠蔽《いんぺい》などの問題が明るみに出て、消費者は「嘘」に対して敏感になっていました。

２０１１年の冬、震災で発生した「嘘」がある程度出尽くしたかと思われた矢先に、「食べログ」の問題が起こったため、消費者にとっては「泣きっ面に蜂」とも言えるような状況になり、大きな反響を生んだのです。

データで見る「ステマ」の影響

ステルスマーケティングは実際に、インターネット利用者にどれほどの数値的な影響を及ぼしているのでしょうか。

実際にその影響を株式会社PR TIMES（代表取締役：山口拓己氏 http://prtimes.jp/）がアンケートを行い数値化した例をご紹介します。

このデータの調査は２０１２年２月17日から同月27日に行われました。

・10代・20代・30代・40代・50代、の男女各50名ずつ、計５００名
・広告・ＰＲ関係の仕事に従事する男性１５３名・女性47名の計２００名
・日本最大のインターネット掲示板「２ちゃんねる」に投稿書き込みを行う、男性60名・女性40名の計１００名

これら総勢８００名におよぶ人々から集計したアンケート結果に基づいて数値を導き出したのです。

各世代の男女を50人ずつ選んでいることからも、アンケートを行う母集団としては、偏りが少なく、参考になる結果と判断できます。

アンケートの結果として、下記の5つの結果が示されています。

①全体の65・2%がインターネット上の口コミ情報を活用した経験がある
②食べログのステマ報道については、40%超が「想像通りのことが明るみに出ただけ」と感じている
③「ステマ」の認知率は一般人では34・8%、広告関係者は51・5%、2ちゃんねる投稿者は78・0%
④「ステマ」に対して、2ちゃんねる投稿者は非常に厳しい意見を持っている
⑤「ステマ」についての対処策は「ユーザーが情報選別すべき」が38・5%の最多支持を得ている

「①全体の65・2％がインターネット上の口コミ情報を活用」について

何かしらの商品やサービスを購入・利用する判断材料に、インターネット上の口コミ情報を見て判断を行った経験がある人は、一般人の男女の数値では65・2％にのぼりました。

内訳としては、男性は61・2％、女性は69・2％となっています。

この結果を見ると、女性の方が男性よりもインターネットの口コミを利用する傾向があるという結果が出ています。7割近い人々が「口コミ」を判断材料にしていることからも、口コミサイトの影響力が大きいことがわかりますし、信用力も高いと判断されているようです。

また、インターネット上の口コミ情報を見て行動した結果、「満足」（大変満足＋大概満足）という回答をした人は、男女ほぼ同率で72・7％にも達しており、「インターネット上の口コミ情報は信憑性が高いと思われている」という結果も出ています。

図１

Ｑあなたが「インターネット上の口コミ情報を見て買う（利用する）ことを決めた、もしくはやめた」サイトは、具体的にどのようなサイトの情報ですか？（複数回答）
【対象者：過去にインターネット上の口コミ情報を見て購入を決めた、やめた経験がある人】

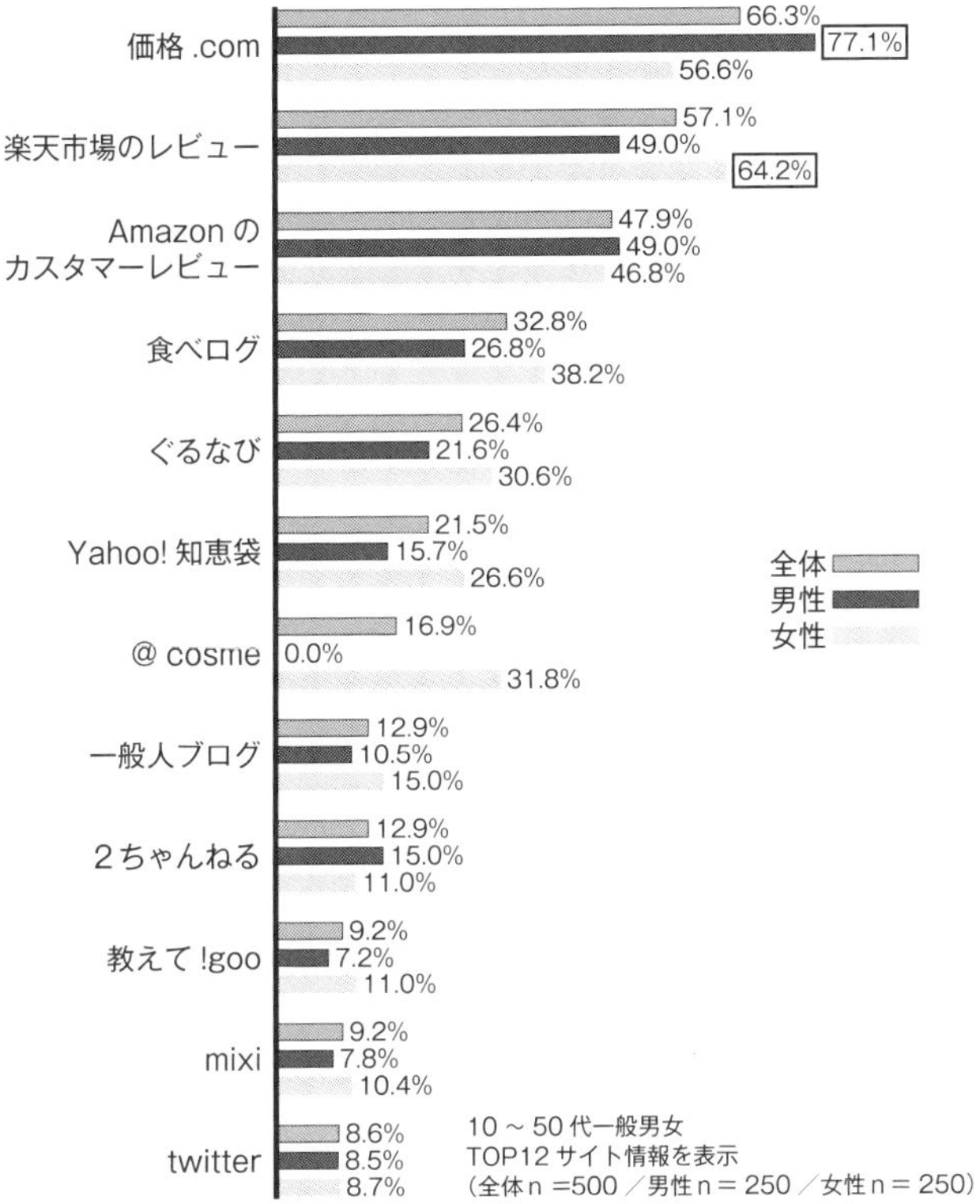

このアンケートから見ても、「食べログ」をはじめとする口コミサイトが、いかにインターネット利用者にとっての大きな判断基準になっているかがわかります。

「②食べログのステマ報道については、40％超が『想像通りのことが明るみに出ただけ』と感じている」について

一般人の男女のこの報道に対する認知度は81・8％という結果でした。インターネット利用者の8割が知るほどのニュースなので、かなりの認知度です。

食べログの報道を知っていると回答した男女の感想としては、

「予想外の出来事に非常に驚いた」（男性10・8％・女性14・6％）

「何となく想定していたが、実際に存在していることに驚いた」（男性33・5％・女性40・3％）

「想像通りのことが単に明るみに出ただけだと感じた」（男性42・9％・女性39・3％）

図2

Q食べログのやらせ業者に関する報道を知り、どのような感想を持ちましたか？　最も近い答えをお選びください。
【対象者：食べログのやらせ業者に関する報道を知っている人】

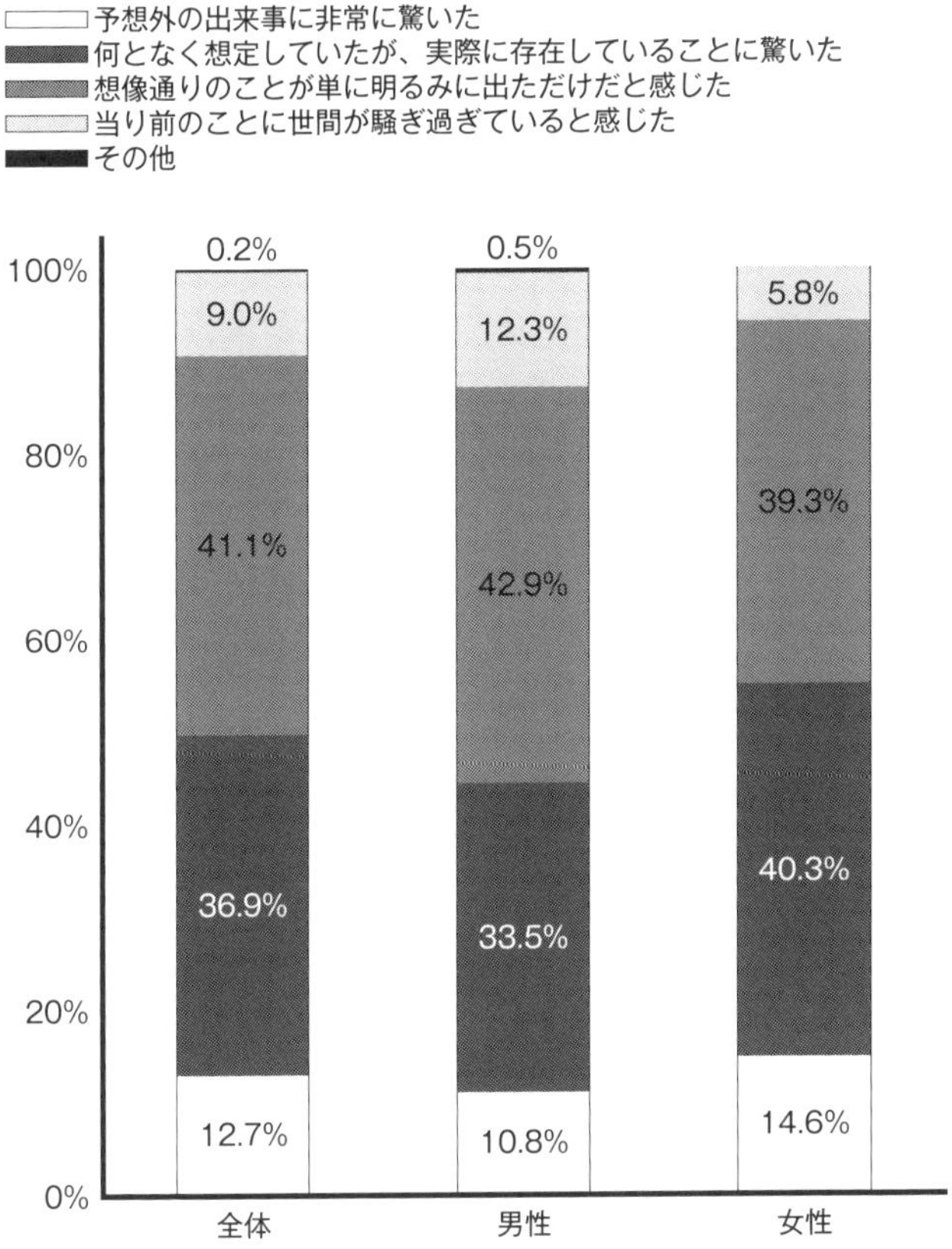

10～50代一般男女（全体n =409／男性n＝203／女性n＝206）

予想外と答えた人が10％程度であり、「何となく想定していた」「想像通り」と答えた人が、８割近くに及んでおり、インターネット利用者は完全に口コミサイトを信じきっているというわけではないようです。

そして、食べログのステマ問題の報道の前後で、インターネット上の口コミ情報に対する認識を比較したところ、一般の男女のステマ問題前後の認識の変化としては、「有意義な情報が多く、とても重宝している」（12・5％→４・２％）「多少の選別が必要になるものの、比較的使える情報がある」（62・８％→51・３％）となっています。

特に女性の場合、
「インターネット上の口コミ情報に対して好意的な認識を持っていた」（「有意義な情報が多く、とても重宝している」13・１％と「多少の選別が必要になるものの、比較的使える情報がある」69・９％の合計）83・０％→56・３％

と、26・７％もの信用低下を招いているのです。

実際、「食べログ」の問題については、運営側が行ったものではありません。あくまで「食べログ」を悪用しようとした第三者の業者が行ったものです。

しかし、この結果は、実際に「食べログ」の情報の信用が落ちたことにもなります。「食べログ」のみならず、公平な立場の運営者にとっても、ステルスマーケティングは大きな問題となることがわかります。

「③『ステマ』の認知率は一般人では34・8％、広告関係者は51・5％、２ちゃんねる投稿者は78・0％」について

また、ステマという言葉を聞いたことがある人のうち、初めて知った時期として３ヶ月以内（１ヶ月以内＋３ヶ月以内）と答えた一般男女が69・６％というデータもあります。

この結果から、「食べログ問題」の報道によって「ステマ」が一般男女にも広く注目されるようになったと言えます。

一方で、広告代理店やPR会社、広告製作会社といった、広告関係者のステマ認知度はこれよりも高く51・5％におよび、2ちゃんねる投稿者においては、一般男女の回答の倍以上に及ぶ78・0％に至りました。


「2ちゃんねる」を活用する人々というのは、基本的に普通のインターネット利用者よりもインターネットに習熟している割合は多いとされています。

というのも、「2ちゃんねる」は匿名の掲示板であり、日々、匿名ゆえに、嘘の情報も本当の情報も多数投稿され続けています。顔が見えないので、活発な議論が起こりやすく、言い争いなども頻繁に起きています。

その「2ちゃんねる」で、傍観するのではなく、投稿する人というのは、かなり勇気があるとともに、自分の意思を持ち、表現ができるのです。

図3

Qあなたはインターネット上の口コミ情報に対してどのような認識を持っていますか？　食べログのやらせ業者に関する報道以前と以後で、最も近い答えをお選びください。
【対象者：食べログのやらせ業者に関する報道を知っている人】

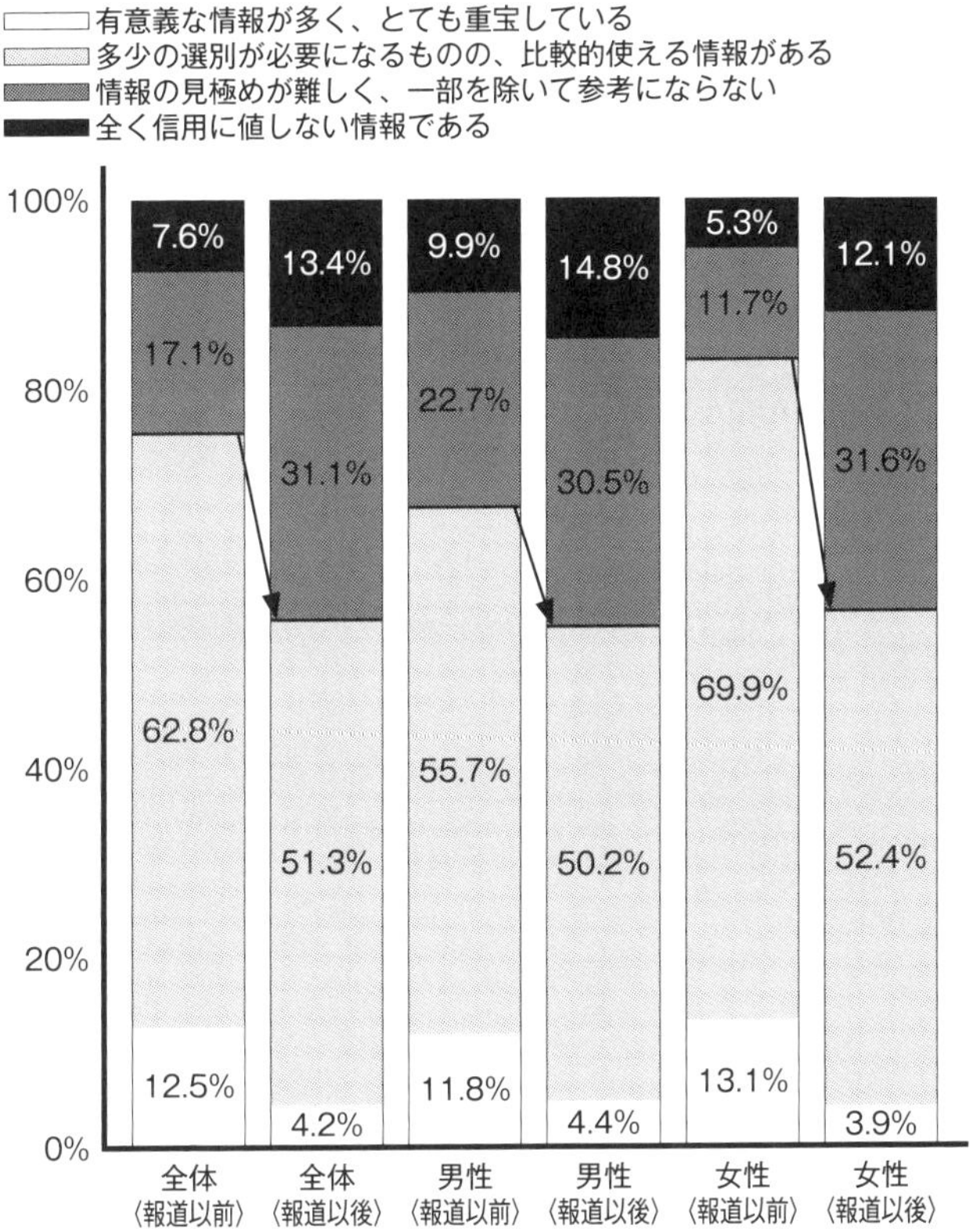

10～50代一般男女（全体n =409／男性n＝203／女性n＝206）

通常、このようなお互いの正体がわからない、匿名の掲示板では、「自分の書き込みで、変な言い争いになって、何か自分に危害が及んだら怖い」と思って躊躇する人がほとんどですので、ある程度インターネットにおける理解が深い人が書き込むことが多くなります。

つまり、インターネットに習熟する人々は、「ステマ」に対して大きな関心を持っているのです。

「④『ステマ』に対して、2ちゃんねる投稿者は非常に厳しい意見を持っている」について

実際にどのような事例を「ステマ」と認識するか、「ステマ」という言葉を知っている一般男女、広告関係者、2ちゃんねる投稿者に質問してみました。

すると、

「店側が、客を装って店に列を作る〝さくら〟を仕込む」

「専門家ブログを装って、掲載記事で特定企業の商品を褒め続ける」

「芸能人ブログで、対価の受け取りを公表せずに個別商品をお気に入りと偽り紹介する」

以上三つは、回答した一般男女・広告関係者・２ちゃんねる投稿者、三者とも同様の割合で「ステマ」だという認識でした。

特に大きな認識の違いが出たのは、

「対価の受け取りや商品提供を明示したうえで、個人ブログで特定の商品を紹介する」ということについては、「広告関係者29・１％、２ちゃんねる投稿者55・１％がステマと認識」。

「芸能人が出演ＴＶ番組で、出演料以外の対価を受け取らない状況で個人的に気に入っている商品を絶賛する」ということについては、「広告関係者20・４％、２ちゃん

〈芸能人が出演するＴＶ番組で、出演料以外の対価を受け取らない状況で個人的に気に入っている商品を絶賛する〉

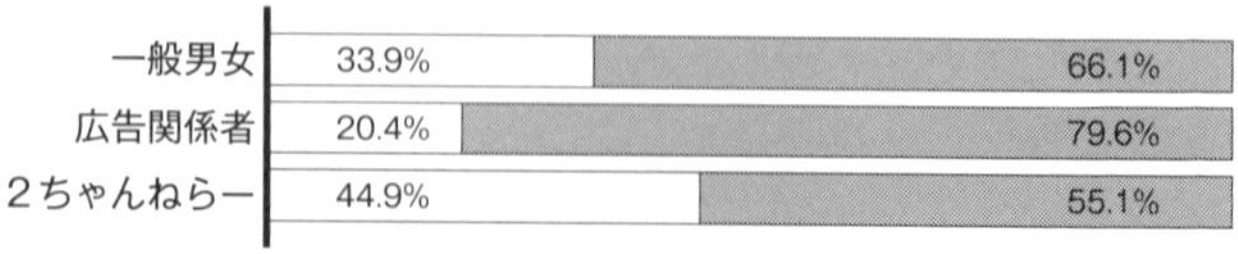

〈企業がインターネット上で個人ユーザーを装い、ライバル企業の商品を批判する〉

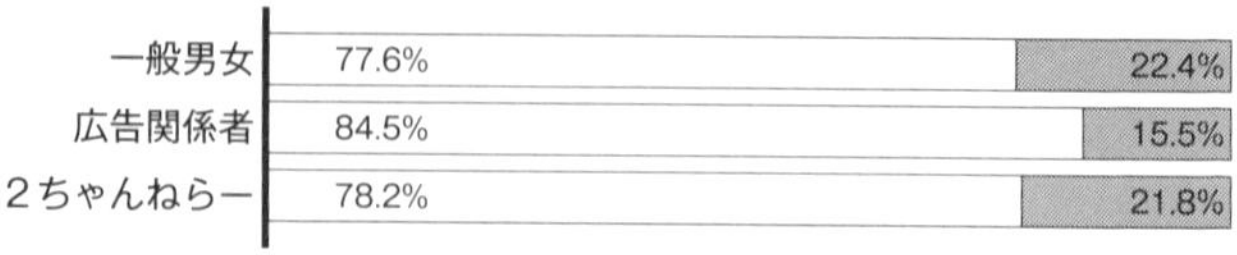

〈企業のコミュニティサイトに関係者が好意的なコメントをつけ、サイトが盛り上がっているように演出する〉

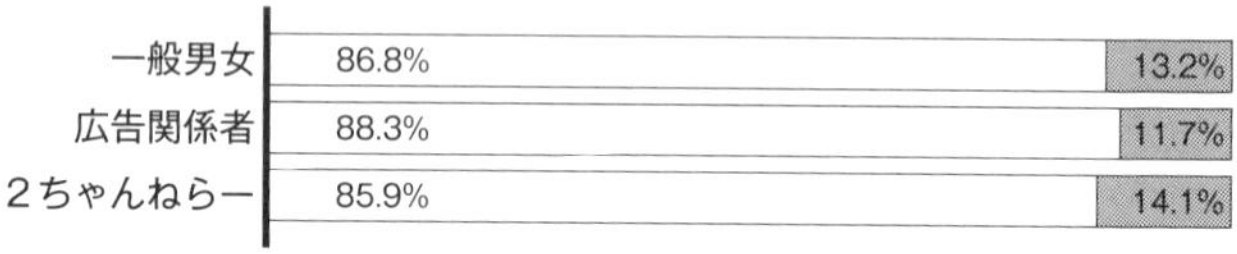

〈広告料の受け取りを明示せずに、メディアがスポンサー企業の製品やサービスにフォーカスした特集を展開する〉

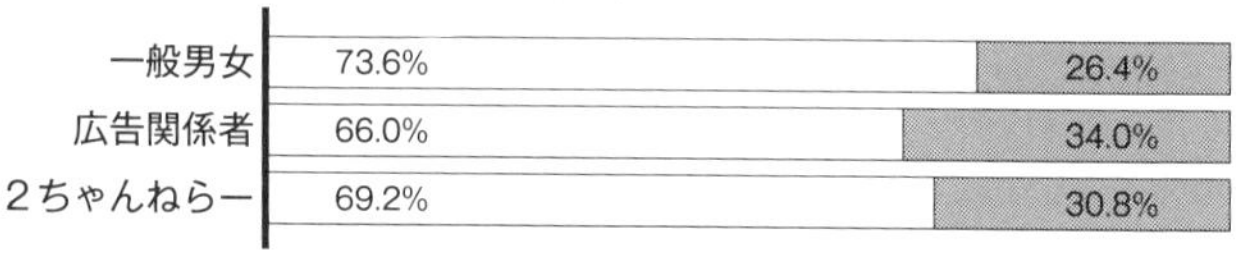

（10～50代一般男女ｎ＝174／広告関係者ｎ＝103／2ちゃんねらーｎ＝78）

図４

Qあなたの認識の中で以下のことを「ステマ」と分類しますか？　あなたの心理的な境界線を教えてください。
【対象者：「ステマ」という言葉を見たりきいたことがある人】

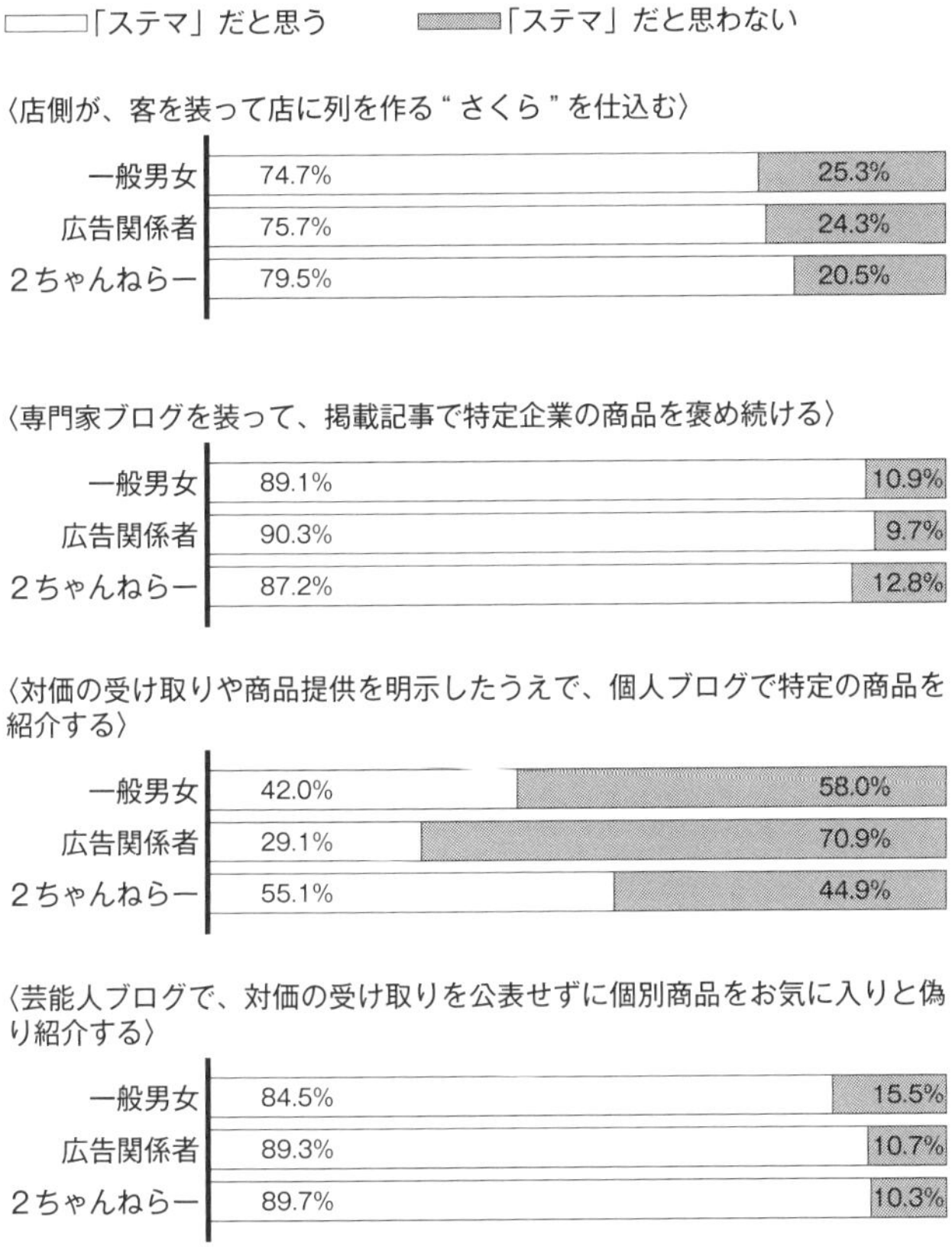

ねる投稿者44・9％がステマと認識」。

この結果を見てわかるとおり、広告関係者の約2倍以上もの2ちゃんねる投稿者が「ステマ」に対して厳しい目を持っているようです。

先ほど「2ちゃんねる投稿者」たちが、一般の利用者よりも、インターネットに対してある程度の知識があり、投稿する勇気を持っていると申し上げましたが、そう考えると、彼らに「ステマ」だと認識された場合には、「2ちゃんねる」などの掲示板で、大きく非難されてしまう可能性もあります。

ステマにおいては、実社会での信用リスクよりも、インターネット上での信用リスクのほうが大きいということが、この結果が示唆しているのです。

「⑤『ステマ』についての対処策は『ユーザーが情報選別すべき』が38・5％の最多支持を得ている」について

「ステマ」に分類される事柄が存在する（「多くある」「多少ある」）と思う媒体（メ

図5

Qあなたは､「ステマ」は今後どうなっていくべきだと考えますか？　最も近い考えをお選びください。
【対象者：「ステマ」という言葉を見たりきいたことがある人】

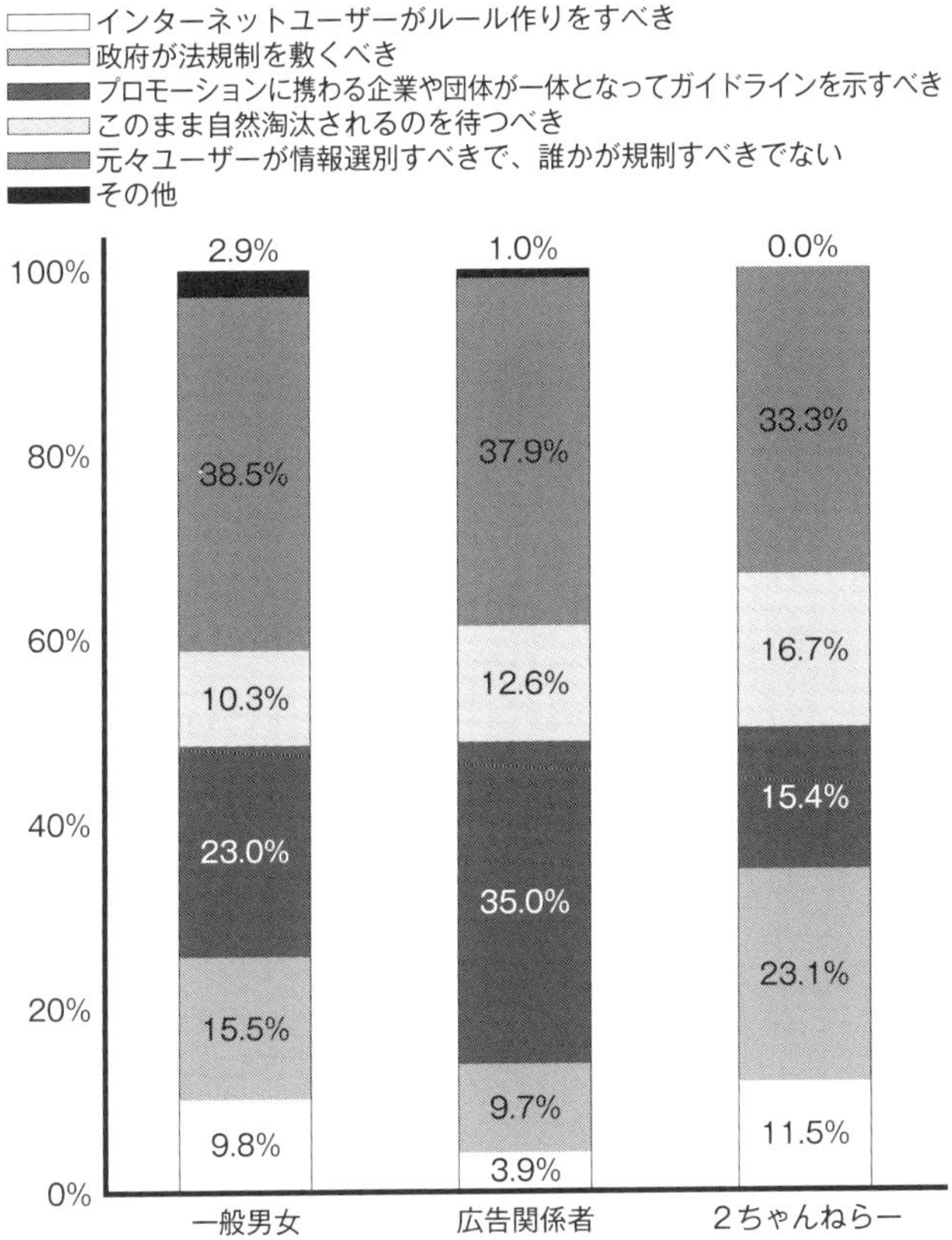

（10～50代一般男女n＝174／広告関係者n＝103／2ちゃんねらーn＝78）

ディア）を一般男女に質問したところ、
1位「インターネット」（96・6％）
2位「TV」（92・5％）
3位「雑誌」（90・8％）
という結果になりました。他には、「新聞」（73・6％）と「店頭プロモーション」（76・4％）などが挙げられています。

この結果からも、媒体の影響力としては、日本ではテレビがまだまだ強いですが、誰でも自由に情報を書き込むことができるインターネットにおいては頻繁にステマが行われていると判断されています。

次に「ステマは今後どうなっていくべきか」という質問を一般男女にしたところ、「元々ユーザーが情報選別すべきで、誰かが規制すべきでない」（38・5％）「プロモーションに携わる企業や団体が一体となってガイドラインを示すべき」

（23・０％）
「政府が法規制を敷くべき」（15・５％）
「このまま自然淘汰されるのを待つべき」（10・３％）
「インターネットユーザーがルール作りをすべき」（９・８％）
という結果となりました。

広告関係者は「プロモーションに携わる企業や団体が一体となってガイドラインを示すべき」という回答が35・０％という結果になっており、「ステマ」に対して、業界内で取り組むべき課題として意識する人も多いようです。

このアンケートの結果からは、「何らかの規制を敷くべき」と考える人々（プロモーションに携わる企業や団体が一体となってガイドラインを示すべき＋政府が法規制を敷くべき）と、「利用者が自分の力で選別すべき」と考える人々が、約４割ずつの大きな二つの勢力となっているのがわかります。

今後、ステマ問題については、「法整備」および「利用者の判断力向上」、この二つが是正の鍵になると言えます。

第２章

国内における
ステマ事例

実は、ステマというキーワードに火をつけ、広げたのは「食べログ」の問題だけではありませんでした。

「食べログ」の問題以降、世間に明るみに出たステマ（その疑いがあるものも含む）には様々なものがありますので、次に、それぞれご紹介していきたいと思います。

最初の二つは、「食べログ」の場合のように、「固有名」のサービスが取り上げられた問題です。

「バイク王」価格比較サイト問題

これは、バイク買取専門店大手の「バイク王」（http://www.8190.co.jp）が、他の業者とバイクの買取価格を競っているように装うインターネットの比較サイトを作っていた問題です。

比較サイトは通常、中立的な立場で運営されていると考えられているため、比較サイト利用者はそのサイトに掲載されている業者がすべて別の運営者であると思います。つまり、利用者は一つの比較サイトの情報の中で比較検討をすることが多いのです。

その特性を利用して、「バイク王」の運営会社である、アイケイコーポレーションが他の業者のように見せかけた比較対象を作り、比較サイトのユーザーがどこでバイク買取を申し込んでも、結局バイク王やその関連ブランドのみが査定を行えるようになっているという、顧客を誘導できる仕組みでした。

この問題となった、バイク買取の比較サイトは二つ存在が確認されております。利用者は自分の名前や住所やバイク情報を査定申し込みフォームに入力し、査定をしてもらいたい複数の買取業者を選んで価格査定を申し込みます。後日、査定価格が通知され、顧客は高値を付けた業者を選んで売却できる仕組みになっています。

その中にはバイク王以外に、いくつかの買取業者が名前を連ねますが、すべてアイケイコーポレーションが運営する会社でした。

利用者がバイク王を含む複数の業者に査定依頼をしても、基本的にはバイク王だけが査定価格を連絡し、他の業者は連絡はしないという形を取っていました。

バイク王を査定対象から外した場合だけ、他の業者名で査定がされましたが、すべてアイケイコーポレーションの運営会社なので、利用者の買取はすべてアイケイコーポレーションが行っていたという図式です。

この比較サイトは問題が明るみになった後、すぐに閉鎖されました。

アイケイコーポレーションは問題発覚後、「広告サイトという認識だったが、チェック体制が不十分だった。誤解を受ける恐れがあると判断して閉鎖してもらった。他の業者名は我が社の別ブランドで、バイク王への統合を進めている。一般ユーザーに不信感を持たせたことは遺憾であり、残念だ」と回答しました。

この問題により、消費者庁も比較サイトに関して、「事実と違うことが掲載されていたとすれば問題だ。景品表示法に抵触する可能性がある」というコメントをしています。

はちま起稿問題

これは、ゲームソフト関連の情報を掲載するブログ「はちま起稿」（http://blog.esuteru.com/）に特定のゲームソフト会社から報酬が支払われ、その会社のゲームソフトの感想を好意的に書いていたという問題です。

ブログは通常、「個人が運営している」と思われますので、「公的」なイメージを持つ「企業」とは違い、投稿内容が中立性を欠いてもそれほど大きな問題になりませんが、「はちま起稿」の運営者が毒舌であったことや、ゲームユーザーを見下したような発言もあったことから、問題が大きくなりました。

特にゲームユーザーは、インターネットにも精通することが多く、ステマに厳しい目を向ける「2ちゃんねる」投稿者も多いため、はちま起稿の管理人は2ちゃんねる上で、身辺調査がされ、1日も経たないうちにはちま起稿の運営者本名、出身校が明らかになり、数日後には運営者の両親の名前や勤め先まで掲載されるという事態となりました。そして一時的ではありましたが、サイト運営停止を宣言するほどになりました。

特定サービスでの問題

これは、固有名ではなく、サービスのジャンルや形式によって起きる問題です。

Q&Aサイトステマ

ヤフー知恵袋・教えてgoo・OKWaveなど、自分のわからないことをインターネット上で質問すると、それをインターネット上の第三者が回答してくれるという「Q&Aサイト」に、一般消費者に成りすまして、やらせの質問をして、それに答える形で

「ここがお勧めですよ」との返事を書くものです。

Q&Aサイトも口コミサイト同様、「個人」が善意で行っているというイメージを持たれます。

基本的に文字情報だけのやりとりなので、非常に簡単に「自作自演」のステルスマーケティングが行えてしまいます。

文体や表現を巧妙に変えたり、他人に手伝ってもらうことで「善意の第三者からの回答」に見せかけることができます。簡単に行えてしまうため、Q&Aサイトではこのようなステマは頻繁に発生しています。

グーグルサジェスチョン・ヤフー虫眼鏡ステマ

検索エンジンである「グーグル」や「ヤフー」の検索窓に文字を打ち込むと、自動的にその後の言葉の候補が出てくるのをご存知でしょうか。
例えば「うなぎ」とキーワードを入力すれば、「釣り」「パイ」「犬」といった、利用者の検索を助けるような、関連キーワードが出てくるのです。
これをグーグルでは「グーグルサジェスチョン」、ヤフーでは「ヤフー虫眼鏡」と言います。

この検索キーワードの後に自動的に出てくる言葉の候補は、「検索数の多い関連キーワード」が順に出てくるようになっています。つまり、たくさんの社員や、プログラムシステムを使い、何度もその関連キーワードでの検索をすることで、意図するキーワードを出すこともできます。

例えば、先ほどの「うなぎ」の例であれば、あなたがたくさんの人に知ってもらいたい「うなぎ屋」を経営していた場合、自分達の店の名前を「うなぎ」に加えて業者に何度も検索させれば、利用者が「うなぎ」と検索したときに、自分の店名を表示させて宣伝をすることができます。

検索エンジンも、基本的には「個人」が調べものをするときに使うと思われているので、関連キーワードは「善意の第三者の回答」のように見えるため、検索をした利用者の誘導につなげやすいのです。

有名人ブログステマ

テレビや雑誌に登場する芸能人やアイドルといった有名人たちが日々の活動を書くブログは、有名人のことを深く知りたいファンに対し、非常に高い宣伝効果を持っています。

ただ、ファンとはいえ、単純に商品やサービスの宣伝をしてもらっても、すぐに購買行動に移ることはありませんので、あたかも「有名人自らの意思で選んで使っている」という、露骨な宣伝とは違い、自然な雰囲気でＰＲすることで、ファンの購買意欲をあおる方法です。

その芸能人ブログでステマ問題になったのが「ペニーオークション」です。

ペニーオークションとは、通常の「競り合い」で落札終了時間までに一番高い値段の提示をした人が購入することができるオークションとは違い、落札終了時間の最後に入札した人が購入することができるものです。


通常のオークションでは入札に対して、手数料はかかりませんが、ペニーオークションの場合は、1回の入札あたり、「1円ずつ」や「10円ずつ」「100円ずつ」という感じで手数料が発生します。


例えば、定価8万円のテレビが出品されたとします。

1回の入札手数料が「100円」かかる場合、1000回の入札があれば、100円×1000回＝10万円の手数料を出品者はまず、手にします。

そして、１回の入札により、商品の落札金額が「１円」ずつ上昇するという形式の場合、１０００番目の落札者は、１円×１０００回＝１０００円　ということで、８万円ものテレビを１０００円で手に入れることができるのです。

出品者はその１０００円ももらえるので、合計10万１０００円を得ることができます。

一人の人が複数回の入札を行うことがほとんどですが、もし一人１回しか入札していなかったとすれば、９９９人は小額ではありますが、１００円ずつ損をするのです。

つまり、ギャンブル性のあるオークションです。

このペニーオークションで、一時期、芸能人・有名人が一斉に安く落札したとブログで発表したことがありました。

１日に何千人、何万人という人が見るブログを運営している人が、

「たった１０００円で10万円のテレビがペニーオークションで落札できました」

と書けば、その読者も非常に興味を持ちます。

しかし、あまりに一時期に同じペニーオークションでの落札記事がブログに書き込まれたため、ペニーオークション運営側が広告宣伝のために行った「やらせ」の疑惑が起きました。

記事の中には、インターネットに詳しい人ならすぐに、「やらせ」とはっきりわかる「証拠」を掲載していたものもあり、疑問や批判が寄せられました。

ギャンブル性が高いのであれば、すべての人に公平な機会があるべきなのに、それを有名人だからといって優遇するのはおかしいし、それ以前に単なる「やらせ」ではないかと思われたのです。

問題が発生した後、有名人の落札記事は軒並み削除されました。

ペニーオークションだけでなく、広告宣伝のため、このような「やらせ」のブログ記事は非常に多いのです。

また、有名人のブログは宣伝効果が高いため、ブログを利用している有名人と、広告を出したい企業の間に入って、広告代理業を行う業者もあります。

実際に日本最大のブログサービスを運営している「アメーバブログ」においては、「記事マッチ」というサービスがあります。

広告を出したい企業はアメーバブログ側に対して60～３００万円の広告料を支払います。

そして、その広告料の一部は商品やサービスを紹介してくれたブロガーに謝礼として支払われるというものです。

アメーバブログ側は「ブロガーの自発的、自由な意思を尊重し、記事内容に関する強要や指示は行わない」ことを明示しているので、ステマを強要させてはいません。

しかし、有名人とはいえ、お金に困っている人の中には、「実際はどうだかわからないけど推薦してしまおう」という人も出てくることは考えられます。

たくさんのアクセスを持つブログの運営者の周囲には、ともすると「ステマ」とも捉えられてしまうビジネスが多数存在するのです。

つぶやきメディアステマ

つぶやきメディアとは「ツイッター」や「アメーバなう」といった、200文字ぐらいまでの短い文章でコミュニケーションを取るサービスです。

通常のソーシャルメディアは、携帯電話番号や携帯電話メールアドレスなどの固有のものを用いて、一人が一つの存在（アカウント）のみ作ることができる、というのが原則化しています。

しかし、ツイッターなどの「つぶやきメディア」は、サービスの利用しやすさや、お手軽さを売りにしていることが多いため、一人が何人もの存在（場合によっては数百人、数千人）を作り出すことができます。

つぶやきメディアを使ったステマとは、ステマ業者がたくさんのつぶやきアカウントを作り出し、それらに一斉に膨大な量の広告宣伝の投稿をするというものです。

ビジネスマンや経営者、主婦や学生だけでなく、アニメのキャラクターや歴史上の人物など、いろいろなものに成りすまして、一斉に告知をするのです。

「数打てば当たる」というわけではありませんが、たくさん露出することで、認知度を高めることができます。

特に「ツイッター」はコンピュータプログラムを用いた「自動システム」との連携が容易なため、何人ものアカウントに何度でも同じ投稿をさせることが可能になります。スパムメールのような大量の情報発信ができるのです。

専門ポータルサイトステマ

専門ポータルサイトとは「ペット専門総合情報サイト」「ダイエットなんでも情報」といった、あるジャンルやテーマに特化して、そのサイトを見れば、「すべての情報がそこに網羅されている」というような見せ方をするサービスです。

運営側が公平かつ中立的な立場で情報を掲載しているように見せかけて、実質はそこにお金を支払っている業者や店舗のみが掲載されているというものです。

一見、公平性や総合性を掲げているので、利用者はそこで取り上げられている情報を信じやすいのです。

雑誌、テレビなどの有名人の体験談ステマ

テレビや雑誌などの、ショッピング番組・ショッピングコーナーなどとは違い、

「対談」や「ドキュメンタリー」の形式を取り、その中で「若さの秘密は○○を使っているから」「○○さんは、毎朝何時に○○を使っている」といったような自然な流れの中で、一見宣伝ではないように見せかけて、実は単なる宣伝というものです。

有名人による取材ステマ

これはテレビ番組などに多いのですが、表向きは、芸能人が気まぐれな旅や散歩ということでその辺を散策し、「はじめまして〜」という感じで初対面を演じ、「美味しいですねぇ」「素晴らしい技術ですねぇ」と絶賛するのですが、これも自然な紹介に見せかけて、実際は単なる宣伝というものです。

社会科見学番組ステマ

「小さい子供の勉強のために」などの名目で会社紹介をしているように見えて、実は取材してもらう側の会社がお金を払い、自社製品の宣伝や自社ブランド認知のための宣伝をしているというものです。

第３章

ステマに関する規制

これまで述べてきたように、ステマにはいろいろな種類が存在しているため、「何がステマで何がステマではないのか」ということが不明確になりがちです。

改めてお伝えしますが、本書ではステマを以下のように定義しています。

「倫理的な問題があることを理解している上で、善良な第三者を装い、意図して消費者を欺く目的で行うマーケティングおよび販売促進活動」

「倫理的な問題」という部分は、個々人の考え方、および社会の考え方が影響するものです。

では、「社会」はステマに対してどのような考えを持つのか、まずは日本政府や各団体の法律やガイドラインをご紹介していきましょう。

消費者庁の動き

政府が、日本でのマーケティングや販売促進活動などの問題に取り組むために設置した機関が消費者庁です。

消費者庁は、「消費者の視点」から政策全般を監視する組織の実現を目指し、２００９年９月１日に発足しました。

消費者に対しての主な活動は、次の三つとなります。

Ⅰ．消費者被害の防止

・消費者や事業者・行政機関から、消費者事故情報を集約し、集約した消費者事故情報は、事故情報データバンクに登録する。

・消費者事故の分析、原因究明をして、消費者の注意を喚起する。

・各省庁に、消費者への注意喚起や業界指導などの対応を求めるとともに、どの省庁も対応しないいわゆる「すき間事案」に自ら対応する。

2. 所管する法律の執行

悪質商法、偽装表示などに対応して、特定商取引に関する法律、景品表示法、JAS法などの法律を厳正に執行する。

3. 地方消費者行政の支援

消費生活の「現場」を支える相談窓口を支援して、困っている消費者の手助けをする。

ステマで被害にあった場合などは、「消費生活相談窓口」へ問い合わせることができます。

この消費者庁は2011年の10月に「インターネット上のゲーム課金や口コミサイトへのサクラ記事の問題」を受けて、「インターネット消費者取引に係る広告表示に関する景品表示法上の問題点及び留意事項」（以下「留意事項」）を発表しました。

この「留意事項」によれば、口コミサイトへのサクラ投稿の問題に関して、次の記述があります。

商品・サービスを供給する事業者が、口コミサイトに口コミ情報を自ら掲載し、又は第三者に依頼して掲載させる場合には、当該事業者は、当該口コミ情報の対象となった商品・サービスの内容又は取引条件について、実際のもの又は当該商品・サービスを供給する事業者の競争事業者に係るものよりも著しく優良又は有利であると一般消費者に誤認されることのないようにする必要がある。

つまり「世界ナンバーワンのサービスだ」「史上最強の商品だ」というような、過度な期待を消費者に間違って与えるような場合は、不当表示と言える可能性が高いということです。

景品表示法とは、正式名称を「不当景品類及び不当表示防止法」といいます。
消費者に対し、実際よりも良く見せかける表示が行われたり、過大なプレゼント付きの販売が行われると、公正な競争が阻害され、それらにつられて消費者の適正な商品・サービスの選択に悪影響が及び不利益を被ることがあります。
それを防ぐために、商品やサービスの品質、内容、価格等を偽って表示を行うことを厳しく規制するとともに、不当な顧客誘引の防止のために景品類の最高額もしくは総額、種類、提供の方法やその他関連する事項を制限し、公正な競争を確保することにより、消費者が適正に商品やサービスを自主的かつ合理的に選べる環境を守るための法律です。

「サクラ記事」についての留意点は、特に目新しい規制などは明記されておらず、従来の「景品表示法」の枠組みから何も変わっていないという状況です。

さらに消費者庁は2012年になり、「ステマを法律的に取り締まれる可能性」を検討したところ、「意図的かどうかの線引きが難しく、表現の自由とのからみもあって、法律的にアミをかけるのは難しい」という主旨の見解を発表しました。

この見解は、「現在の法律的にはステマを取り締まるということは難しい」ということで、消費者庁としても規制しにくい問題としているのです。

アメリカの法律とガイドライン

さらに前述の消費者庁が発表した「留意事項」の中で、アメリカのステルスマーケティングについての規制状況が引用されています。

米国では、連邦取引委員会（ＦＴＣ）が２００９年12月に「広告における推薦及び証言の使用に関するガイドライン」を公表しており、この中でＦＴＣは、広告主からブロガーに対して商品・サービスの無償での提供や記事掲載への対価の支払いがなさ

れるなど、両者の間に重大なつながり（material connection）があった場合、広告主のこのような方法による虚偽の又はミスリーディングな広告行為は、ＦＴＣ法第5条で違法とされる「欺瞞的な行為又は慣行」に当たり、広告主は同法に基づく法的責任を負う、との解釈指針を示している。

このアメリカのガイドラインでは、商品またはサービスの「推奨者」と、マーケッターやアドバタイザー（広告主）との間の「重大な関係」「金銭授受」の有無などを開示する義務があるとしています。

つまり、アメリカのガイドラインでは、「口コミ投稿者と業者との関係性を明示する」必要があり、なおかつ口コミ投稿者の発言の内容責任は業者にも適用されるというものなのです。

例えば日本においては「一個人の意見です」という表示の元に、「3ヶ月で10キロやせた」「長年苦労した腰痛が治った」といった、過度な表現がなされやすいですが、アメリカではその「3ヶ月で10キロやせること」「腰痛が治ること」を話した個人の感想を参考に商品やサービスを買った消費者が、感想同様に3ヶ月で10キロやせることができなかった場合や、腰痛が治らなかった場合、その購入者が訴えを起こした場合は、損害賠償や返金などの責任を取らなくてはならない可能性が高いのです。

年々強化される薬事法・景表法

日本に存在する法律において、最もステマに対応するとされる法律が薬事法と景表法です。

薬事法とは医薬品、医薬部外品、化粧品及び医療機器の品質、有効性及び安全性の確保をするために、必要な規制を行うとともに、医療上特にその必要性が高い医療品及び医療機器の研究開発の促進のために必要な措置を講じて、保健衛生を向上させるために作られたものです。

この団体が２０１２年1月に開催した「クチコミマーケティングガイドライン説明会」にて、消費者庁表示対策課からゲストを招き、前述の「インターネット消費者取引に係る広告表示に関する景品表示法上の問題点及び留意事項」についての説明がされました。

その説明をうけて、ＷＯＭＪが自主的にステマに対するガイドライン作成を模索しており、「クチコミとして許容するか、クチコミとしては排除すべきか」について以下のようにまとめました。

【クチコミとして許容するもの】

・広告という認識を与えず、書くか書かないかは本人の意思に任されており、本人の意思で自由に書かれたもの。

【クチコミとして排除すべきもの】

・広告という認識を与えず、書くか書かないかは本人の意思に任されているが、書く内容は本人以外の人間が指定したもの。
・広告という認識を与えず、書くことを本人以外の人から強制・指示されているが、本人の意思で自由に書かれたもの。
・広告という認識を与えず、書くことを本人以外の人から強制・指示されており、書く内容は本人以外の人間が指定したもの。

つまり、商品やサービスについての感想や意見をインターネット上で記載する場合、本人以外の誰かが強制したり指示したようなものは、口コミとはみなさないというものです。

しかし、これでも解釈があいまいな部分があります。

例えば、既に存在している「口コミマーケティングの請負業者」は、口コミ記事作成を依頼したブログ運営者やホームページ運営者などに、「最終的に記載する決断は運営者本人の自由意志であり、内容についても本人の自由意志に任せる」ということを了承させた上で作業を依頼した場合は、「口コミ」として許容される可能性もあるからです。

さらに、この中では、「騙す（偽る）意図があるかどうか」が問われていないため、不利益を受ける人がいないのに排除されたり、逆に不利益を受ける人が多く出るのに、許容されたりするような問題が出る可能性もあります。

口コミマーケティングを行う会社への対応

ステマに対しての規制を考える上でポイントとなるのは、「口コミを使ってあなたの商品・サービスを宣伝・ＰＲします」ということで芸能人やブロガーたちに宣伝記事の投稿をさせるような「広告代理店」「販促支援企業」「営業代行企業」といった

「宣伝請負業者」です。

前述のアメーバブログの広告サービスである、「記事マッチ」なども該当しますし、芸能事務所やモデル事務所、タレント養成スクールなど、注目を集めやすく発言力のある個人を抱える会社にとっては、一つの収益モデルとなりますので、今後も存在し続けるでしょう。

しかし、このような宣伝請負業者は現在（2012年6月）においては、消費者庁の見解でも法律的な責任を問うのは難しい状況ですし、任意団体なども解決に有効なガイドラインを設定できていません。

となると、宣伝請負業者の「倫理面」がポイントになります。

しかし、「倫理面」はその言葉を受け取る宣伝請負業者の運営者によっても、消費者個々人によっても違いが生じる不明確なものです。個人ごとの価値観を基準に、「この会社が行っているのはステルスマーケティングだ」と判断して糾弾してもあまり意味をなさないでしょう。

ステマに注目が集まっているとはいえ、特に明らかに違法なことをしていない「宣伝請負会社」を糾弾する前に、倫理面を飛び越えて、「法律面」を既に犯しているような違法行為を行っている会社をしっかりと摘発していく方が、世の中のためになるでしょう。

とはいえ、一方で宣伝請負業者は二つの問題を抱え込むことになります。

一つは将来的な問題です。

インターネットの法律は常に未然ではなく、「事件が起きた後」に決まっていく傾向があります。

特に日本は先進国の中ではインターネットの法整備や環境面で世界に遅れをとっています。

法律やガイドラインが完備しない状況でも、世論の高まりに応じて一種の拡大解釈によって、突然処罰の対象になる可能性があります。

インターネットのステマ問題のはるか以前に、食品衛生や食品偽装に対する処罰が、法律が変わっていないにもかかわらず、世論に後押しされる形で取り締まりが突然厳しくなったことがあります。

つまり、「爆発的に儲けよう」というような感じで大々的なＰＲなどをしていると、ある日突然処罰の対象になる可能性もあるのです。

二つ目は過度に悪評が広がる問題です。

倫理観は、あいまいなものではありますが、あいまいゆえに、様々な解釈を持ちます。

特に、顔の見えないインターネット上では個々人が持つ「正義感」によって、過度な悪評が広がる可能性があります。

実際、前述の事例で紹介した「はちま起稿」では、運営者ばかりか、その親の個人情報や写真までインターネットで流出しただけでなく、1000件の書き込みが上限のインターネット掲示板のトピックが、数百にも上り、罵詈雑言が書かれる状況になりました。

こうなるとビジネスという観点を超え一個人（そしてその家族）にとっても、大きな問題となります。

しかも一度ネットに流出した悪評は一生の汚点になってしまう可能性もあるのです。

法整備・ガイドライン作成に向けて

日本でステマを公的に取り締まるためにすべきと考えられることは、既に制定されている「アメリカのガイドライン」をそのまま導入するということです。

しかし、これは現実的には、なかなか難しいものです。

というのも、アメリカのガイドラインが制定する、「広告主と推薦者の関係の明示」は間に仲介業者が入れば、わかりにくくなります。

また、「広告主と推薦者の金銭の授受の明示」も、特に日本は「お金」に対しての価値観をネガティブに持つ傾向があるので、明示することによる対外的な信用下落も招きます。

「商品紹介に活用する感想に責任を持つ」というのも、企業としては、購入者の個人差が激しすぎるため、対応が難しいものです。

では、何が法整備やガイドライン作成の鍵になるかというと、報酬・謝礼の発生は問わず、

「騙す意図があるか」

「〝被害者〟がいるか」

この二つを満たす場合だと思います。

かみくだいて言うと、

「金銭の授受に関係なく、実際に良いと思ったものを推薦するのは、結果的に『騙された』とする人が出ても、推薦者は騙す意図が無いのでステマではない」

「金銭の授受に関係なく、全く知らないものや、良くないと思った物を推薦して、結果的に『騙された』とする人が一人も出ない場合、被害者がいないのでステマではない」

ということになります。

つまり、ステマに該当するのは、**「金銭の授受がなくても、全く知らないものや、良くないと思った物を推薦して、結果的に『騙された』とする人が出た場合」**となるのです。


日本のステマに対しての規制作りは、これからまだまだ時間がかかると考えられますが、「食べログ」の問題が大々的に取り上げられ、社会問題化したことにより、悪質な宣伝業者に対しての抑止効果になったと言えます。

第４章

ステマを見破る技術（基礎編）

この章からは、「一般のインターネット利用者」として実際にステルスマーケティングに接していくための心構えや対策をお伝えしていきます。

①インターネット上の書き込みを100%は信じない

これは、一番重要なことです。既に多くの人が理解していることだと思います。しかし「当たり前だ」と思うからこそ、ここで落とし穴にはまり、ステマの餌食になる可能性が高いのです。

インターネット上には、非常に情報に精通した専門家の意見も、全く無知な人の勝手な思い込みの意見も、有象無象に存在します。しかし、「インターネット上の情報は信用できない」と思っても、信用せざるを得ない、人間の心的な要素があるのです。

要素１「活字になっている」

小学校の机の上の落書きや、公衆トイレなどでの手書きの落書きと違い、インターネット上で表現された文字は、綺麗に整っています。

人は整っていない文字（汚い字・ミミズがのたくったような字）を見ると、たとえそれが理にかなっていることであっても、読む気になりませんし、読んだとしても、その内容を良いものだとはなかなか思えません。

逆に、稚拙で理にかなっていない内容でも、それが綺麗な文字で書かれていると、その内容も良いものだと思ってしまいます。

これは、単純に「綺麗な字＝文字を判読しやすい」という図式にも表せますが、学校教育などで「綺麗な字を書けると先生やまわりの友達に誉められる」ということも影響していると思います。

基本的に綺麗に整った文字を書ける人は「しっかりしている」「真面目だ」と思わ

れ、その情報を信用しやすいのです。

つまり、インターネット上で書かれた誇大な表現や、理にかなっていないことでも活字になっていると、「もっともだ」と信じてしまいやすいのです。

要素2「人は自分が欲しい情報を探す」

「一眼レフカメラを買うと、まわりで一眼レフカメラを持っている人が増えたように感じる」

「ベンツやBMWを買うと、まわりに同じメーカーの車に乗っている人が増えたように感じる」

「妊娠するとまわりに妊婦が増えたように感じる」

このような経験があなたにもあるかもしれません。

試しに今、身のまわりにどれくらい「赤いもの」があるかを探してみてください。

自分でも気がつかなかったほど、「赤いもの」が身のまわりにあることを実感すると思います。

これは人間の脳にある「網様体賦活系（もうようたいふかつけい）」という部分の機能がかかわっています。

人間は自分が興味のあるもの、必要なものに優先的に焦点を合わせるというものです。

この機能のおかげで、人間は生き残ることができたのです。

もしこの機能がなければ、例えば、原始時代の人間が、「餌」を求めて狩りをするときなどに集中することができず、餌を捕まえることができずに餓死してしまう可能性もあったのです。

必要な情報のみを抽出して、必要ではないものをシャットアウトすることで、目的である「餌」を手に入れられる可能性を高めていたのです。

この機能は人間の本来の機能ですから、現代の人間も同じように持っています。

特に、インターネットで情報を探す人は、何かしら常に自分が欲しい情報を探しています。

例えば、楽にダイエットしたいと思えば、「ダイエット」というキーワードのみで検索せず、「ダイエット　簡単」「ダイエット　お手軽」「ダイエット　テレビを見ながら」といったように自分にとっての「楽」を表すキーワードを自然に一緒に入力して探すのです。

要素3「人は自分が欲しい情報を信じる」

古代ローマの将軍、ジュリアス・シーザー（ユリウス・カエサル）が残している言葉、「人間は自分が信じたいことを喜んで信じるものだ」にもあるように、人間は自分の欲しい情報を探し当てたとき、それを信じようとします。

先ほどの、楽にダイエットしたいという人は、「何時間ものきつい運動」や「我慢に我慢を重ねる食事制限」といった情報が正しいというのはわかっていても、「寝ているだけでダイエットできる」「このサプリを1日1粒飲むだけでダイエットできる」という情報を信じ、そのメカニズムや根拠などを信用するのです。

ですから、冷静になってみれば「美辞麗句だけが並び立てられている」「ステマだ」とわかるはずのものでも、「欲しい効果が実証された」ということを、本当のように感じてしまうのです。

さらに人間には「最初に信じたことを信じ続けようとする」という性質があります。この性質の厄介な部分は、信じるばかりか、自分が「信じたい情報ばかりを集めるようになる」というところです。ですから、自分が信じたい情報だけにまみれてしまい、正しい判断力を失ってしまうのです。

これを打開するためには、日常的にブログやソーシャルネットワークなどで、自分から情報発信をして、世間に自分が信じていることを問うことです。

もちろん、類は友を呼ぶというところがありますので、あなたの信じていることを信じるような人が集まって来る可能性もありますが、そこで寄せられるコメントや評価を見ることで、誤った判断をしないための抑止力にもなるのです。

②個人の感想は「話半分」で理解する

テレビCMの中で取り上げられる「個人の感想」や、雑誌やホームページに掲載される「愛用者の声」など、一見、「一個人」が自分の経験・体験を元に話したり書いたりしているものが紹介されているものはたくさん見受けられます。

しかし、その「個人の感想」は、そのサービスや商品に寄せられた感想のすべてを網羅している、というようなことは、ほとんどありません。


基本的には、「個人の感想」は顔写真や名前が出ることがほとんどですので、サービス運営者は「個人の感想を掲載してＯＫな方には、送料無料にします、割引します、プレゼントをします」というような形で、募集します。

するると、そこに応募される回答は、割り引いてくれるお礼から、好意的な要素が込められたり、「好意的なことを書けばプレゼントがもらえるかも？」ということで、多少オーバーな表現のものが寄せられることが多いのです。

さらに、その寄せられた感想の中から、サービス・商品提供者は、自分達にとって都合の良いものを選別して掲載したり、放送したりするのです。

サービス・商品提供者は、基本的には「自分達のサービスを売りたい」という意図を持っています。できる限りより良いイメージを消費者に植え付けることが必要になります。

ですから、常にサービス・商品提供者は時代背景や対象顧客の趣向の変化、世代の変化などに合わせて、反応が良い「個人の感想」を追求しているのです。

「食べログ」に有料で高い評価の書き込みを行う業者が39社もあったということは、それを利用する店も非常にたくさんあったということです。

1社当たり、10社の客がいたとしてもその数は400店舗にも及びますし、数千もの店舗が利用していたとしてもおかしくはないのです。

だからこそ、「個人の感想」といっても、「話半分に参考にしておこう」という態度を持っておくことが必要なのです。

特に、「日本人はお人好しである」「日本人は騙しやすい」と、海外で言われることがあるように、日本人は基本的に人を信じやすい傾向があります。

ノーベル賞受賞者やお金持ちも多いといわれる「ユダヤ人」などは、子供への教育の中で、親が幼い子供を騙すということがあります。

「親ですら完全に信用してはならない」ということを子供のうちに経験させることに

よって、用心深さや信用というものの大事さ、怖さというものを身を持って教え込むのです。

対して日本人の場合、基本的には「根っからの悪人はいない」という性善説に基づき、「人を疑ってはいけない」という価値観を育てる教育や環境が整っています。

もちろん、この価値観があるおかげで、日本は世界でも賞賛されるような「譲り合いの精神」や「お互いに助け合う文化」が育まれやすく、安心して暮らせる土壌があるのです。

とはいえ、その価値観をインターネットの活用においても持ち込めば、ステマの餌食になってしまいます。

だからこそ、「自分は人を信じやすい教育をされてきた」と思っておくことによって、ある程度の用心深さを持つようにしましょう。

③評価は質より量

「評価数（レビューの数・感想の数）が多い」ということは、それだけたくさんの人が購入した、もしくは体験したということの表れです。

基本的に「たくさんの購買者がいる＝サービス・品質が高い」という図式が成り立ちます。

「評価の数が多くても、悪い評価ばかりのものもあるのではないか？」という意見もあるかもしれません。

しかし、基本的にたくさんの人が使うもので、悪い意見ばかりの商品やサービスを扱っている業者は、ステマ以前に消費者庁や最寄りの警察、マスコミなどから不正業者として摘発されたり、取引停止・営業中止になる場合がほとんどです。

例えば、インターネット書店のAmazonで「ベストセラー」と呼ばれる本の評価数を見るとわかりやすいでしょう。10万部とか１００万部といったベストセラー本は、評価数が数百件を越えていることが多く、逆にそれほど売れていない本の評価数は10件未満のことがほとんどです。

もちろん、本によっては「悪い評価」が目立つケースもありますが、それは、人間がポジティブな評価よりもネガティブな評価をはるかに重要視するという心理法則があるために、目立つように見えるだけで、ポジティブな意見とネガティブな意見の数を単純に比較すれば、ポジティブな意見が圧倒的に多いのです。

評価の数が多いということは、それだけたくさんの人が利用しているというわけです。

既に多くの人が選び、購入しているわけですから、ハズレを掴まされるリスクも少なくなります。

問題なのは、「良い評価」ばかりで「評価数が少ない」場合です。

この場合はステマの可能性も高くなります。

なぜなら、評価数が少ないということはそれだけ、利用している人が少ないということを表すからです。

もちろん、利用している人の数が少なくても、品質の良いものはたくさん存在します。見込み客集めや広告宣伝のやり方がわかっていない、品質重視の職人気質なサービス提供者も多いからです。

とはいえ、それが本当に質が高いのか低いのかを判断するためには、実際に買って使ってみるまでわからないものです。

もともと、ステマをする側は、どこかに「楽をしたい」「早く売りたい」という気持ちがあるからこそ、「評価を脚色してお客さんを増やそう」という考えが生まれます。

もともと楽をしたい人たちなので、ベストセラー商品のように、数百件ものたくさんの評価をつけるのは、とても労力がかかることですし、敬遠する傾向があります。

だからこそ、確実に良い商品を手に入れたいと思うのであれば、感想やレビューの「質より量」をまずは重視しましょう。数がそのほかの競合製品やサービスに比べて一桁、二桁多いものを選ぶのです。

④信憑性の高い感想の特徴を知る

感想の量だけでなく「質」で判断することも可能です。

中には、「知る人ぞ知る」というような玄人好みのサービスや、「育毛剤」「うつ病対策」といったようなあまり表立っては感想を述べにくい、人の「コンプレックス」を解消するための商品もあり、それらはたくさんの評価や感想を集めることが難しいものです。

しかし、数少ない感想を参考にする場合でも、ステマ対策は可能です。「信憑性の高い感想の要素」を知るのです。

要素1「長文である」

感想で最も信頼できる要素は「長文である」ものです。単純に「安い・早い・うまい」といった意見ではなく、「なぜ良いのか」「どれくらいの効果があったのか」「どのようなプロセスでその効果にたどり着いたのか」といったようなことが書いてあるようなものは、「それだけ詳しく知ってほしい。教えてあげたい」という購入者の想いが表れていると言えます。

要素2「臨場感がある」

感想が長文でなくても、お店であれば、その感想を読んでいて、まるでそのお店に行ってご飯を食べてきたかのような錯覚を起こすようなもの、商品であれば、まるでその商品が手元にあって、それを使ったかのような錯覚を起こすもの、こういったその場にも行っていない、その商品を手にしていないにもかかわらず、リアリティーが伝わってくるものは信憑性が高いと言えます。

悪質なステマを行う業者は、基本的に労力を惜しむので、その場に行ったりはしません。

おしなべてどこでも使えるような感想をフォーマットやテンプレートのように準備しておいて、依頼主のサービスや商品に合わせて使うので、どこか「抽象的な」「どこでも、どれでも言えるような」感想に終始しがちなのです。

要素３「ネガティブなポイントも書かれている」

人間の欲求に限界が無いように、すべての欲求を満たすような完全な商品・サービスというのは存在しません。つまり、どんな商品やサービスであっても、「欠点」は存在すると言えるのです。

その欠点についても書かれているようなものは、感想を書いた本人が、「その商品について正確に理解して欲しい」という想いが表れています。

⑤感想を書いている人の過去履歴を追う

「食べログ」や「Amazon」には会員登録機能があります。

感想を書くためには利用者の会員登録が必要な場合がほとんどです。

会員登録をしてもらえれば、会員登録の際にメールアドレス情報や名前の情報を得ることができるので、サイトの運営者はビジネスにつなげるために、会員登録をさせるのです。

会員登録をすれば、その会員専用のデータベースが構築されますので、その会員が過去に書いた感想や評価の履歴を蓄積することができるようになります。

基本的に感想や評価の履歴は公開されるようになっています。そこで、評価の信憑性を判断する一つの方法として、その過去履歴を追うのです。

例えば、その過去履歴を見ていて、「毎回同じようなコメント」をしているようなものは、業者がやらせているステマの可能性が高いです。

また、過去履歴がほとんど無いような場合も、そのお店や商品の感想を書くためだけに作られたステマの可能性があります。

また、たくさんの評価を見ていると、時折、評価者の名前は違うのに、全く同じような内容の投稿をしている評価者がいくつも発見できることがあります。

これはステマ業者が、口コミサイトを活用する際に、「ヤフーメール」をはじめとする無料メールサービスを用いて、たくさんのメールアドレスを作り、大量の架空ユーザーを作り上げた上で、「感想文」をコピーして、架空ユーザーをいくつも使い分け、ログインし直しながら、何度も投稿を行うからです。

目の前の情報だけでなく、履歴を追う習慣をつければ、多くのステマから身を守ることができます。

⑥「安さ」や「期間限定」に踊らされない

インターネットは基本的に「24時間利用可能」「手軽に利用できる」「場所代などもかからない」というメリットがあります。営業マンを雇えば、1日に働ける時間や人数によって営業できる件数には制限ができますが、インターネットでは、たくさんの人が見るサービスに露出させたり、広告を打ったり、紹介してもらったりすれば、お客様にアプローチができるため、営業マンを雇うために必要な人件費が節約できます。

さらに、場所の制限も無いので、インターネットで商品を売る場合は、倉庫だけがあれば済み、店舗を出す必要が無くなり、固定費も節約できるのです。

つまり、人件費や固定費がかかる店舗で売るよりもはるかに安い値段で商品やサービスを提供することができますし、割引料金になるチケットなどを発行することもできます。

とはいえ、「安い」というだけでは、情報やモノにあふれた現代において、誰も買おうとはしません。

そこで大事になってくるのが「期間限定」です。

「○月○日まで」「本日から３日間限定」といった期間を区切ることで、商品やサービスの希少価値を上げることができます。

ほとんどの人間の購買行動の中には、常に「他の人よりも得をしたい」という欲求があります。

そして、一度「得だ」と思ってしまうと、そのチャンスを手放したいとはなかなか思わないのです。

よく、年末年始のバーゲンセールなどで、「安いから」「今日だけだから」という理由で買い物をして、後日「結局使うことがなかった」ということで、「タンスの肥やし」にしてしまったという事例は身近にもたくさん存在するでしょう。

同じようにインターネットでも、この「安さ」と「期間限定」の組み合わせはいろいろなところで使われています。もちろん、中には有益なサービスで人数がどうしても限られてしまうというものもあります。

しかし、そこで目先の好条件に踊らされてしまうと、「怪しいなぁ」「こんな条件はありえないなぁ」と思っていても購買を決断してしまうのです。

ステマの中にはこれらを巧妙に利用して、「あと○個しかないらしい」「明日には終わってしまうかも」といったように購買行動をあおるフレーズが使われることが多いので、すぐに決断せず、「これは本当だろうか?」「本当に今自分にとって必要だろうか?」と、一旦立ち止まって考える習慣をつけるようにしましょう。

⑦顔写真の無いものは疑う

これも当たり前のことだと思われるかもしれませんが、実際に面と向かって会うことのないインターネット上においては「顔写真」は信憑性を測る上での重要な要素となります。

というのも、世界中から見ることのできるインターネット上に、「顔写真を掲載する」というのは非常に勇気がいることだからです。「掲載する勇気がある」ということは、何かしらその商品やサービス、それだけでなく掲載する「感想」や「コメント」に対して責任を取る覚悟ができているということの表れでもあります。

前述の「はちま起稿問題」では、1日で運営者の個人情報だけでなく、その家族の写真まで公開されてしまったように、インターネット利用者の人数の多さと、情報収集能力は非常に高いものがあります。

つまり、場合によっては、偽名や嘘のプロフィールを書いていたとしても、たった1枚の顔写真から、本名からすべての情報が特定され、不特定多数の人に公開されるという可能性もあるのです。

なぜなら、感想を書いた本人が、インターネット上にプロフィールのわかる写真を1枚も公開していなかったとしても、小学校や中学校や高校の卒業アルバムなどから特定される場合や、何かしらその本人とかかわりのある知り合いが、その本人との何かのトラブルが生じた際の腹いせや、面白半分で素性を公開することがあるからです。

ただ、顔写真が掲載されていなければ、本人特定が難しくなりますので、いくらでも偽装することが可能になります。たくさんの感想が書かれているようでも、実際にはたった一人の人間が、文体を変えたり、誰かにお願いして書いてもらっていたりすることも多いのです。

だからこそ、「顔写真が無い感想」は疑う習慣を持つことが重要なのです。

⑧ソーシャルメディア上で聞いてみる

インターネット上の感想や評価が正しいか迷ったとき、自分の力だけでなく、他人の力も借りる方法があります。それは、「ミクシィ（mixi）」「フェイスブック（Facebook）」「グーグルプラス（Google＋）」「アメーバグルっぽ」といったソーシャルメディアで、友人や同じ趣向を持つ仲間達に、情報の信憑性を質問してみることです。

特にお勧めできるのは「フェイスブック」（http://www.facebook.com/）です。

なぜなら、フェイスブックは基本的に「本名」と「顔写真」を公開している利用者が多いからです。

匿名やニックネームでも利用できるサービスでは、本人を特定することはできません。

しかし、フェイスブックであれば、容易に相手を特定することができます。

つまり、フェイスブックで友人になった人々や、同じ嗜好を持つ人たちの集まりである「グループ」の仲間に対し、「この情報は本当か?」ということを質問すると、回答する側の人たちも、ある程度の責任を持った回答をしてくれることが多いのです。

最近は、フェイスブックの外部接続機能により、フェイスブック以外のサイトでも「あなたの友達の○○さんをはじめ○○人の友人が『いいね!』と言っています」というような表示が出るような機能もあります。

これらの「顔出しをし、本名を公開している人々」からの情報を活用すれば、それがステマの選別フィルターの役割を果たし、かなり信憑性の高い情報を得ることができます。

⑨プラシーボ効果を侮らない

プラシーボ効果という科学的に実証されている人間の心理効果があります。

これは、病院などで患者に対して、単なる砂糖や小麦粉を固めたようなものを「風邪によく効く薬です」「ダイエットに効果がある薬です」と言って処方すると、それを信じた患者は全く効果の無い薬を飲んでいるのにもかかわらず、その言われた通りの薬の効果を得ることができるというものです。

もちろん、１００％効くというわけではありませんが、人間の思い込みの力は非常に強いので、反応が得られることがあるのです。

つまり、ステマによって「ここは絶対に美味しい」「この商品は絶対に効く」というような先入観を持っていると、実際に行ったお店の料理が、本当はたいしたことがなくても美味しく感じられることがあります。

特にステマによってお店に行列ができていて、並ぶことになった場合、キャンプで作ったカレーが美味しく感じるように、並んだ苦労がある分、余計に美味しく感じることもあります。

また、商品やサービスであっても「絶対に効く」と信じ込めばその通りの結果が出ることもあるのです。


そしてさらに、人間は「自分の行動に、後から理由付けをして納得したがる」という性質があります。

例えばあなたは、バーゲンセールなどで明らかに不要なものを「衝動買い」をしてしまったとき、その商品をなぜ買ったのかを家族や友人から問われた場合、相手が納得しそうな、「いずれ使うと思って買った」「自分が使わなくても誰かが喜ぶと思った」という理由を答えた経験はありませんか?

人間は自分の判断によって損をしたとは思いたくないのです。


この「プラシーボ効果」と「理由付け」によって、実際にステマが行われていても、消費者自身が納得してしまっていることは非常に多いのです。

つまり、本当に問題のある商品であったとしても、利用者の中に「全然問題が無かった」「効果があった」という回答が存在することは多く、「ステマだ」と相手を糾弾しても、個人の価値観の違い、評価の違い、趣向の違いではないかと門前払いされるケースもあるのです。

⑩すべては実験であり話のネタだと考える

生涯のうち、インターネットを活用して一度も失敗を経験しないという人はほとんどいないでしょう。

実際に本書の著者も、インターネットオークションで安さに踊らされて購入したら、偽者のブランド品だったということや、評価の高い料理店に行ったら、対応も悪いし不味かったという、失敗をしたことがあります。

しかし、その失敗を悔やみ、騙した相手を恨んで訴えたところで、その訴えが受理されるまでに時間がかかってしまったり、訴えた相手が雲隠れしてしまうこともあります。

そのために貴重な人生と貴重な時間を、イライラしたり、悲しんで過ごしてしまうのは、非常にもったいないことです。

だからこそ「すべては実験だ」という価値観を持つことが重要です。

実験は失敗することもあれば、成功することもあるものです。その実験を繰り返していくうちに、より良い選択ができますし、より良い結果を得ることができるようになっていきます。

一度も転んでケガをしない子供がいないように、ある程度の失敗が人を育てます。一度も失敗をしたことがない人がもしもいたとしたら、あなたはその人を信用することができるでしょうか。

だからこそ、失敗しても「次に生かそう」という前向きな考え方があるほうが、結果としてステマに騙されにくい体質を作り上げるのです。

そして、失敗しても「話のネタになる」と考えることができます。「喉もと過ぎれば熱さ忘れる」という言葉もありますが、失敗した瞬間は、非常に悔しいですし、悲しいですし、恨みたくなる気持ちもあると思います。

しかし、「他人の不幸は蜜の味」というように、他人から見たらあなたの失敗は「面白いもの」になることもあるのです。

逆に失敗しても「面白いネタが手に入った」と思って他人に打ち明ければ、他人から見ればそんな「面白い話」をしてくれるあなたは、好感が持てる人として見てもらえる可能性もあるのです。

第５章

サービス特性ごとのステマを見破る技術

ここからは、第4章の「ステマを見破る技術（基礎編）」を踏まえて、ステマが行われやすいインターネットサービスの特性・形式ごとの対策をお伝えしていきます。

口コミサイトステマの見破り方

その1「口コミで取り上げられている商品・サービス・店舗の『詳細な情報』が掲載されているかを見る」

「食べログ」をはじめとする、利用者の「口コミ」を集めてまとめ、表示するサイトの一番の特徴は、「利用者自身たちの手」によって、掲載されている商品・サービス・店舗の情報が書かれていくということです。

もちろん、商品を提供しているメーカーや、サービスを運営する会社、店舗、それぞれの経営者や広報担当者が、第三者を装って、情報を書くこともあります。

ただ、口コミサイトを何度も利用しているとわかってくるのですが、本当に良い商品やサービスや店にはたくさんの人からの情報が寄せられます。

そうすると、「ヌケモレ」のない詳しい情報が掲載されるのです。

「知る人ぞ知る、隠れた名店は詳細情報が掲載されないのではないか？」と思われるかもしれませんが、口コミサイトは基本的に、利用者が勝手に情報を掲載するサイトですから、店の店主の意向とは関係なく、詳細な情報が掲載される可能性が高いのです。

その2「同じ人間が繰り返し書き込んでいないかを見る」

口コミの件数が１００件や２００件というように数が多いからといっても、口コミサイトの機能によっては、一人のユーザーが何度も書き込むことができるものもあります。

一人のユーザーが何度も書き込めるようなサイトの場合、一人ひとりの感想に対して、その感想についての反応を投稿していることもあるため、１００件の感想の投稿があっても、そのうち半分は一人が行っているというような場合もあるのです。

ですので、「件数」だけをチェックするのではなく、時間があれば、「書き込まれている感想の履歴」も確認しましょう。

ランキングサイトステマの見破り方

その1「ランキング上位の部分には『広告』が貼られることが多いと心得る」

インターネットを多少使っている人であれば、「そんな、まさか？」と思うかもしれませんが、実はインターネット検索で検索結果ページの上部の目立つところに出てくるサイトが、「広告」であることを理解していない人も多いのです。

「PPC広告」というビジネスが成立するのは、「広告」を「広告」だとわかっていない人がいるということにも理由があります。特に、目の悪いお年寄りや、色盲により、色の判別に不自由を抱える人などは、「本来の検索結果」と、「広告」の区別がつきにくいとされています。

実はこれは検索エンジンだけでなく、「食べログ」などのランキングサイトにも当てはまります。

実際に「食べログ」でお店を検索すると、ページの上部には「食べログ」にお金を払って広告を載せているお店の情報が表示されるようになっています。

口コミサイトの運営者としては、このように「有料広告」を買ってもらわなければ、運営費や毎日投稿される情報などを保存するためのサーバーを用意することができず、赤字を抱えてしまいます。

ですので、運営側の立場を考えれば仕方ないところではあります。

ただ、広告をわざわざ掲載して上位掲載を目指す商品やサービスは、実際に口コミで上位に上がってくるものと比較すると、劣るところはあります。

ですので、失敗したくないと思うのであれば、ランキングが表示されているページをできる限り注意深く見るようにしてください。

その2「上位のサイトが同じようなつくりになっていないか」

前述の「バイク王」問題のように、ランキングサイトだからといっても、「公平」「平等」「中立」な立場で運営されているものだけではありません。

どちらかといえば、自社の宣伝のために、あくまで「できレース」のような自分達の都合の良いランキングサイトなどを作っているところがあります。

そのようなランキングサイトは、基本的にランキング上位にはすべて一つのグループ会社に所属する商品やサービスが表示されていることがほとんどです。

ですので、

・運営会社の詳細が出ているか
・運営会社同士の住所が同じか同じ建物ではないか
・運営会社同士の社長名が同じではないか

といったチェックポイントもありますが、さすがにそれではすぐにステマであることが発覚してしまうので、業者側も工夫して変えてくることがあります。

それを見破る方法は、少し手間のかかる方法ではありますが、上位にランクインしている商品やサービスの詳細が書かれたページを、１位から5位ぐらいまででいいので、一つずつ見ていくことです。

一つのグループ企業で占められているような場合、どんなに社名やサービス名を変更しても、それぞれのサービスページを単一のホームページ作成業者や、専属のホームページデザイナーに任せていることがあります。

そのため、どうしてもページのレイアウトや文章が似通ってくるのです。

それを見極めれば、そのランキングサイト自体が信頼できるものかどうかも判別することができます。

その3「急上昇ランキングは使わない」

ランキングサイトには、直近24時間や1週間で「アクセス」や「評価数」が上がった商品やサービスをまとめた「急上昇ランキング」という機能があるものもあります。

あなたが、「新しいものが好き」「話題のものを先取りしたい」というタイプの人であれば、それを参考にするのもいいですが、単純に「ステマに騙されたくない」と思うのであれば、このようなランキングを参考にしないことです。

もちろん、シェフや職人が変わって味が急激に良くなったり、サービスの質が良くなったりする場合や、知る人ぞ知る名店だったのに、テレビなどで放映されたり、芸能人が紹介したりしたことで、急激に注目が集まる場合もあります。

しかし、一気にステマ業者に頼んでランキングを上げさせたり、プレゼントキャンペーンや、赤字覚悟の値下げキャンペーンなどを断行して、本来の質とは別のところで勝負している場合もあるのです。

ですので、急上昇ランキングを参考にする場合は、ステマの場合もあるということを頭の片隅にでもいいので、置いておきましょう。

Q&Aサイトステマの見破り方

その１「質問にURLが記載されている場合は、一応疑ってみる」

ヤフー知恵袋や教えて！ｇｏｏなどの参加者同士の質問と回答によって成り立つサービスにおいて、まず気をつけるのが質問している文章に、ホームページへのリンクができる「ＵＲＬ」が記載されていないかどうかを確認することです。

もちろん、質問者が回答者にしっかりした答えを求めるために「参考情報」としてＵＲＬを記載することはありますが、質問を装った宣伝である可能性もあるのです。

ＵＲＬの記載された質問を全部疑う必要はありませんが、質問を装ったステマもあるということを理解しておきましょう。

その2「文章を少し変えただけの同様の質問と回答がないかチェックする」

Q&Aサイトは基本的に「長い文章」でのやり取りがほとんどです。

そのため、表現方法を少しずつ変更して、いくつも同じような質問と回答を繰り返しているようなものもあります。

そのようなものの質問と回答のやり取りを見ていると、最初の質問だけが少し変わっていて、後の回答の流れは全部同じという場合があるのです。

そうなると、質問だけでなく回答でも、毎回同じような商品やサービスばかりが目に付くことになります。

対策としては、一つの文章での質問ではなく、いくつか同じような質問を自分で考えて、検索してみることです。質問の文章や単語の順番を入れ替えるだけでも調べることができます。

また、質問内容のポイントとなるキーワードや熟語をいくつか抜き出して「サイト内検索」という、Q&Aサイトの中に書かれている内容に限定して、該当するキーワードを含む質問や回答を検索するという方法もあります。

そこで同じような質問が数多く検索され、しかも答えが同じ場合はステマの可能性が高いのです。

オンラインショップステマの見破り方

これは、楽天市場やヤフーショッピングといった、「オンラインショッピングサービス」で使われるステマの対策です。

近年、景表法や薬事法の規制強化もあり、運営側（楽天市場なら楽天株式会社、ヤフーショッピングならヤフー株式会社）のチェックも厳しくなってきてはいますが、ステマを完全に規制することは難しいところがあるのです。

その１「レビューよりも商品の材質やサイズ情報を重視する」

オンラインショッピングでは「レビュー（感想）」は若干参考にすればいいという程

度の認識が大事です。

というのも、オンラインショッピングサービスでは、出店している店舗にとって「レビュー」は生命線だと考えているため、レビューを得るために様々な工夫をしています。

その工夫が、「レビューを書いたら500円分のQUOカードor図書券をプレゼント」「送料無料」というようなレビュー獲得キャンペーンになります。

実際、このようなプレゼントや送料無料という特典欲しさにレビューを投稿する人は結構多いのです。

というのも、遠隔地に住む人はもちろんですが、家具などの大型のものを注文した人にとって、送料無料というのはありがたいことです。

たかだか数十文字程度のレビューを書くだけで、割引が受けられるのであれば、労力的にも魅力があります（※1分ほどで終わる感想投稿作業で数百～数千円の節約になるので)。

さらに、そのような「特典欲しさ」に集まったレビューは、「店に不利なことを書いて、特典がもらえないのは嫌だ」と考えられて送られるものがほとんどなので、高評価のものが集まりやすいのです。

ですから、レビューは参考程度にしておいて、商品の材質やサイズといった、実際に手に取ったときのことがわかるものに重点を置いてチェックするようにしましょう。

その2「特定商取引法・プライバシーポリシーをチェックする」

楽天やヤフーショッピングやアマゾンといった、大型で、ルールもシステムも整ったショッピングサイトは、店が出店するための審査が厳重に行われていることが多いのです。

ですが、そういったショッピングサイトではなく、個人や企業が単一で運営しているショッピングサイトで買い物をするときは、まず「特定商取引法」と「プライバシーポリシー」をチェックしましょう。

特定商取引法とは訪問販売や通信販売等、消費者とのトラブルを生じやすい取引類型を対象に、事業者が守るべきルールと、クーリング・オフ等の消費者を守るルールを定めた法律です。

チェックしておいた方がよい項目は次のものです。

・販売価格（役務の対価）（送料についても表示が必要）
・代金（対価）の支払い時期、方法
・商品の引渡時期（権利の移転時期、役務の提供時期）
・商品（指定権利）の売買契約の申込みの撤回又は解除に関する事項（返品の特約がある場合はその旨含む）
・事業者の氏名（名称）、住所、電話番号

・事業者が法人であって、電子情報処理組織を利用する方法により広告をする場合には、当該販売業者等代表者または通信販売に関する業務の責任者の氏名
・申し込みの有効期限があるときには、その期限
・販売価格、送料等以外に購入者等が負担すべき金銭があるときには、その内容およびその額
・商品に隠れた欠陥がある場合に、販売業者の責任についての定めがあるときは、その内容
・いわゆるソフトウェアに関する取引である場合には、そのソフトウェアの動作環境
・商品の販売数量の制限等、特別な販売条件（役務提供条件）があるときには、その内容
・請求によりカタログ等を別途送付する場合、それが有料であるときには、その金額
・電子メールによる商業広告を送る場合には、事業者の電子メールアドレス

そして、プライバシーポリシーです。プライバシーポリシーとは個人情報の取り扱

いの際の基準・方針を定めたものです。

基本的に特定商取引もプライバシーポリシーも、特に見るべきところは、「代表者名」や「担当者名」が記載されているかどうかです。

それらが無いものは、「個人を特定させたくない」という意図の表れでもありますので、ステマのような不正行為を行う可能性も比較的高いのです。

できれば、その代表者名や担当者名をキーワードとしてインターネット検索をしておくのもお勧めです。そこで何かしらの本人情報が特定できれば、安心した取引につながりやすくなります。

動画ステマの見破り方

これは、「ユーチューブ（YouTube）（http://www.youtube.com/）」や「ニコニコ

動画（http://www.nicovideo.jp/）」といった動画共有サービスというもので使われるステマの対策です。

ユーチューブはグーグル、ニコニコ動画は東証一部上場企業の株式会社ドワンゴの系列会社である株式会社ニワンゴが運営するサービスであり、特に動画共有サービスは音楽や映画やテレビ番組などの著作権侵害が起こりやすいため、厳しいチェックがされていますが、ここでもステマが起こりうる状況があります。

その1「閲覧数の多さと評価を合わせて確認する」

動画共有サービスの場合は、オンラインショッピングサイトと違い、動画投稿者と閲覧者の間に直接的な「お金」や「商品」のやり取りが発生しません。

ですから、動画閲覧者は良いにつけ悪いにつけ、思ったままの評価をするため、「評価」の偏りが少なくなりやすい環境があります。

まずは、その動画がどれくらい高い評価を得ているのかというのを参考にするといいでしょう。

しかし、動画共有サービスの場合は、もう一つ合わせて考えるべき指標があります。それが「閲覧数」です。動画の内容の注目度が直接的に「閲覧数」に表れます。閲覧数が多いということは、それだけ多くの人をひきつけるものがあるということです。

しかし、「注目されている」ということであって、数が多いからといって有益であり、正しい情報ということはありません。

震災のニュースや、戦争の悲惨な状況も該当しますし、怪しすぎるものや、ホラー・オカルトなどの倫理的に不愉快だと思われるものも閲覧される傾向にあります。

ですから、「評価」と「閲覧数」、この二つを合わせて確認する必要があるのです。

評価が良く、閲覧数が多い動画情報は基本的に信用できるものだと言えるでしょう。

逆に、評価が悪く閲覧数が多いものは、「怪しい」ということでステマの可能性が高いのです。

その２「動画を最後まで見る」

コマーシャルの間にテレビのチャンネルをいくつも切り替えるようにして、動画をつまみ食いのような形で最後まで見ないと気がつかないことが多いのですが、何かしらの広告宣伝の意図がある動画の場合は、動画の途中にも宣伝のような情報が登場することがありますが、基本的には動画終了後に宣伝文が表れます。

「詳しくはこちら→http://www」というような感じの宣伝が出てくるのです。

そのような動画すべてがステマをしているというわけではありません。ただ、動画共有サービスを使ったステマの場合、動画を見せるだけでは収益につながりませんので、そこからお金を支払わせるサービスに誘導することになります。

だからこそ、最後まで見る中で、ステマかどうかが判断できるのです

その３「投稿している人間のチャンネルを見る」

動画共有サービスでは、基本的に動画情報を掲載している人には「チャンネル」というページが与えられます。

それはその動画掲載者が過去に投稿した動画がまとめて掲載されているものです。

このチャンネルを見れば、その投稿者がどのようなテーマで投稿をしてきたのかがわかります。

例えば、その投稿者がずっと単一のテーマやサービス・商品についての動画投稿だけをしている場合はいいのですが、たくさんのテーマで投稿がされている場合、ステマ業者の可能性もあります。

ブログステマの見破り方

これは、アメーバブログやライブドアブログといったブログサービスで使われるステマの対策です。

芸能人も含めて数多くの人がブログを持っており、その多くは更新頻度が高いため、インターネットでのキーワード検索でも上位表示されやすいという特徴があります。

何よりも無料で気軽に始めることができるので、ステマが最も行われやすいのです。

ブログ記事検索を利用する

ブログステマを見破る一番簡単な方法は、「Googleブログ検索（http://www.google.co.jp/blogsearch）」を活用して、同じ内容のブログが同じ時期にたくさん出ていないかをチェックすることです。

基本的に、ブログを活用したステマの場合、短期間に一気にたくさんのブログオーナーに、ブログ記事を書かせるものです。となると同じような商品名、サービス名の投稿が、同じ時期に爆発的に増えます。

前述の「ペニーオークション」のステマ問題は、同時期に同じペニーオークションサービスでたくさんの有名人のブログが書かれたことが原因で発覚しました。

どんなに、文章を変えても、ステマに関しては「一気に結果を得たい」ということで、同時期に告知が行われることがほとんどです。

商品でも買ってしまう場合もあります。

だからこそ、SNS上では友達の意見を信用しやすいものだと考えておく必要があるのです。

他人や友達の訪問履歴を気にしない

SNSには他人や友達が自分のページを見に来たことがわかる機能（訪問履歴）がある場合があります。

ミクシィであれば「あしあと」、GREEであれば「アクセス」、アメーバでは「ペタ」です。

特に、SNSをやり始めたばかりの人は、「誰が訪問してくれたか」を知り、その訪問してくれた人がどんな人なのかを追跡していくことが楽しみになる場合も多いのです。

そこで、以前まで大規模に行われていたステマとしては、以下のような手法がありました。

ミクシィやアメーバ内で、自動ツールを使って無作為かつ大量のユーザーに訪問履歴をつけて回るのです。

もちろん、自動ツールなので訪問した人のページや書き込みを見ているわけではありません。

しかし、自動ツールを使ったことを知らない人は、その訪問履歴をみてくれたお返しとして、リンクをたどってステマを行っている者の投稿を見に来るのです。

するとそこには、第三者を装って「この商品すごく良かったです！」などといった感想が書かれており、購買を誘導するのです。

自動ツールですので、これを一つのユーザーではなく、大量の架空ユーザーを作って行うステマ業者や個人が大量に発生しました。

現在ではＳＮＳのサービス自体の運営者側が取り締まりの強化をしているので難しくなっていますが、それでも自動ツールの訪問件数を減らしたり、時間をずらしたり

して工夫してステマを行っている業者や個人は存在していますので、根絶されている
わけではありません。

第６章

「逆ステマ」と対策

「逆ステマ」とは

ステマを注目する上で気をつけなければならないのが「逆ステマ」です。

「逆ステマ」とは、第一段階として、敵対的な立場を取る業者や個人が、海外のインターネット接続サービスや、不特定多数の人々が利用する漫画喫茶などを活用し特定のできない架空の人物やユーザーを作り出します。

第二段階として、その架空ユーザーが口コミサイト、掲示板、ソーシャルメディアのコミュニティなどに、特定の企業や個人のサービスや商品、人格などについての「誹謗中傷」「バッシング」「根拠の無いクレーム」などの書き込みを繰り返します。

そして第三段階として、自分達がネガティブな書き込みをして、その対策に迷っている企業や個人に対して、「こうした投稿を削除したり、新しい書き込みを押さえることが可能なサービスがあります」などと営業で持ちかけ、コンサルティング料等で金品を要求するものです。

「逆ステマ」を受けた側は、困っている状況で風評被害を防ぐことを使命に掲げるホワイトナイト（白馬の騎士）がタイミングよく登場するため、「渡りに船」となり、疑いもせずその誘いに乗ってしまうのです。

もちろん、すべてのインターネットの風評被害対策サービスを行う企業が「逆ステマ」をすることはありません。

あくまで、一部の悪質な業者や個人になりますが、相手の弱い面につけ込む商法ですので、非常に卑怯であり、倫理的にも許せないものでしょう。

また、「逆ステマ」には風評被害対策をする企業や個人が登場せず、競合相手や悪意を持つ第三者から、事実無根のネガティブな情報流布や不当なバッシングだけをされるというものもあります。

金品を得ることが目的ではないので、これは単なる「嫌がらせ」とも言えますが、その嫌がらせによって間接的に利益を得る企業や個人がいる場合もありますので、「逆ステマ」に含まれると考えられているのです。

アメリカの大統領選挙などでも、ネガティブキャンペーンという名目で、相手候補の欠点やスキャンダルなどを大々的に宣伝して、相手の評判を落とすというものがありますが、「逆ステマ」の場合と違って、批判する本人が正々堂々と顔を出します。

もちろん、昔から、批判する本人が素性を一切隠し、事実無根なことや、拡大解釈なども含めて他者の足を引っ張るということは、「匿名の投書」や「怪文書」というもので行われていました。

しかし、そのようなものは、通常、本人やその家族や、取引先といった「関係者」に限定されていました。

「逆ステマ」の一番の問題は「関係者」だけでなく、インターネットによって、日本中、全世界中の人々に閲覧されてしまうというものです。

さらに、「怪文書」などの実在するものはプリント代や郵送料などがかかるので、予算や手間の制限が発生しますが、インターネットのものは、ボタン一つでいくらでも複製が可能です。

プログラミングシステムを活用すれば、たった一人が数百～数万件の悪評をインターネット上に書くことも可能です。数が多くなれば、「自分のサービス・商品は間違っていたのだろうか？　悪いものなのだろうか？」と勘違いさせてしまう場合もあります。

むしろ、「逆ステマ」とは「人間の良心」を利用して、モチベーションを下げるという、ステマよりも悪意に満ちたものなのです。

日本人は比較的、倫理観と美徳に対しての感度が高いとは言われていますが、「顔の見えない」インターネット上ですと、どうしてもタガがはずれてしまって悪意のあることも平気でしてしまう人たちもいるのです。

人は肯定的情報より、否定的情報を信じる

「逆ステマ」の恐ろしさを裏付ける興味深い事例があります。

世界最大のオンライン旅行会社である、アメリカ・ワシントン州のExpedia Inc社が運営する日本語サイト、エクスペディア ジャパン（http://www.expedia.co.jp）において、計400名に実施したアンケート調査です。

その調査によると、

「ポジティブな口コミとネガティブな口コミ、どちらをより信用しますか？」

という質問に対して、

ポジティブな口コミ……8％

ややポジティブな口コミ……28％

ネガティブな口コミ……12％
ややネガティブな口コミ……37％

という回答結果となったそうです。

ポジティブの合計が36％なのに対して、ネガティブは49％ということで、13％ものの差がありました。

つまり、１・36倍もネガティブな口コミのほうがポジティブなものより信じられているのです。


もちろん、「インターネットの口コミは誰が書いているかわからない」ものだから、一応疑ってかかるという理由もあると思いますが、これが実態なのです。

ポジティブな口コミとネガティブな口コミ、両方が等しくあった場合、ポジティブな口コミが１００人に信じられたら、ネガティブな口コミが１３６人に信じられている可能性もあるのです。

評判の良いものほど悩まされる

「逆ステマ」の厄介な問題は、「誰が犯人か特定しにくい」ということだけでなく、その情報を見聞きした側も、そのニュースを喜んでしまうという可能性があることです。

「他人の不幸は蜜の味」という言葉があります。倫理的、道徳的に考えれば、このような言葉が存在してしまうというのは、喜ばしいことではありません。

しかし、2009年に行われた、独立行政法人 放射線医学総合研究所の調査で「人が『妬み』を持つ感情と他人の不幸を喜ぶ感情に関する脳内のメカニズム」が明らかになりました。

これはまず、被験者として学業成績や経済状況などにおいて平均的とみなされる健康な大学生19人を集め、Aさん、Bさん、Cさんという、三人の登場人物が存在するシナリオを読んでもらった上で、三人の登場人物に対する脳活動を計測するというものです。

Ａさん：被験者と同性で、進路や人生の目標や趣味が共通。被験者より上級ないし優れた物や特性（学業成績、所有する自動車、異性からの人気など）を多く所有している。

Ｂさん：被験者と異性で、進路や人生の目標や趣味は全く異なる。被験者より上級であったり優れた物や特性（学業成績、所有する自動車、異性からの人気など）を多く所有している。

Ｃさん：被験者と異性で、進路や人生の目標や趣味は全く異なる。被験者と同様に平均的な物や特性（学業成績、所有する自動車、異性からの人気など）を所有している。

実験の結果、被験者による妬みの強さはAさんに対するものが一番で、以下B→Cの順でした。また、不幸が起きた時の喜びもAさんに対するものが最も大きくなりました。

また、実験中の脳の活動を機能的核磁気共鳴画像法という手法を用いて画像化したところ、妬みの感情には大脳皮質の一部の「前部帯状回」と呼ばれる脳内部位が関連していることや、妬みの対象の人物に不幸が起こると、心地よい感情や意志決定などにもかかわると考えられている「線条体」と呼ばれる部位が活動することが明らかになったのです。

つまり、この実験によって「他人の不幸は蜜の味」ということが、脳科学的に明らかになりました。

この実験結果から導き出されるものとして、「逆ステマ」の被害にあった店が、もともと歴史があったり、評判があったり、有名だったりすればするほど、事実無根の

「逆ステマ」によるネガティブな情報が、ある一定数の人々に好まれるということなのです。

「逆ステマ」から身を守る方法

それでは、この「逆ステマ」に対してはどのように対応すればいいのでしょうか。
ここではその対策についてお伝えしていきます。

対策Ⅰ「ネガティブな書き込みのあった掲示板・口コミサイトの運営者に削除依頼をする」

一番簡単な方法は、「逆ステマ」により悪い評価が書かれたレビューサイトや口コミサイトの運営者に「削除依頼」を申し出ることです。

意外と知られていないのですが、削除依頼はかなりの確率で実行されます。

「本当に削除なんてされるのか？　運営者にとって面倒くさくはないのか？」

このように勝手に考えてしまい、削除依頼をためらって、泣き寝入りをする人は多いのですが、実際に削除依頼を出すと、削除してくれる場合は少なくありません。

なぜ削除依頼が実行されるかというと、実は口コミサイトや掲示板の運営者は「逆ステマ」の実行者とは違い、ある程度誰が運営しているのかということが特定されやすい。つまり匿名性が低いのです。

日本で一番有名な匿名掲示板である「2ちゃんねる」でもそうですが、人気のある口コミサイトほど、運営者の情報は特定されやすくなります。

なぜかというと、人気のあるサイトを運営するためにどうしても欠かせないものがあるからです。

それは「お金」です。人気のあるサイトには、たくさんの人が訪れます。そしてそこで膨大な量の口コミが投稿されるので、そのデータを蓄積し保管する場所が必要になります。

そのデータを蓄積し保管する場所を「サーバー」というのですが、それを持つのにお金がかかるのです。

さらに、蓄積するデータ量や、書き込まれた情報を反映させるといった処理を迅速に行うためには、どんどんお金がかかります。

そのようなお金を個人が負担するのは非常に難しくなるため、融資先や投資家を集めるなどして運営資金を確保する必要があります。

そうなると会社を作ったほうが有利に資金を確保することができるため、口コミサイトの多くは所在や運営元が特定されやすくなるのです。

ですから、運営者にとっては、このような書き込みを放置しておくことは、「逆ステマ」を受けた被害者から、逆恨みされることもありますし、場合によっては訴えられることにもつながります。

実際に前述の「2ちゃんねる」においては運営者は何度も損害賠償で訴えられ、

「億」を超える賠償金の支払い命令が裁判所から正式に出されています。

つまり、「逆ステマ」のような書き込みがない状況こそが、もっとも運営者にとって安心できる状況であり、その状況を作るために、運営者も「逆ステマ」の書き込みを削除してくれやすいのです。


削除依頼の方法ですが、まず簡単なのは、その口コミサイト・レビューサイトに「問い合わせ」と書かれた窓口があれば、そこから依頼することです。

そのような問い合わせフォームがない場合は、「プライバシーポリシー」や「サイトポリシー」を見てみましょう。

これらには、「問い合わせ連絡先」として、電話番号やメールアドレスが記載されていることがあります。


これで見つからない場合は、サイトの運営者が誰なのかを調べましょう。

「サイト名　管理人」という感じでインターネット検索をしてみると、見つかる場合があります。

そして、管理人の名前がわかった場合、「その管理人の名前　フェイスブック」「その管理人の名前　ブログ」「その管理人の名前　ツイッター」というようなキーワードでインターネット検索をしてみましょう。

フェイスブックやツイッターやブログなどには「メッセージ機能」があります。そのメッセージ機能から連絡するのです。

対策２「警察に協力してもらう」

「警察にお願いする」というと敷居が高いと感じるかもしれませんが、「逆ステマ」については警察も協力してくれることがあります。

特に、口コミサイトに誹謗中傷が書かれ、その口コミサイトの運営者がわからない場合や、問い合わせや削除依頼をお願いしたのに、数週間経過しても何も対処してくれないような場合は、この方法が有効です。

やり方としては、まず、「逆ステマ」を書かれた口コミサイト・掲示板の記事をプリンターなどで印刷します。

そして、最寄りの警察署に行き、「インターネットの口コミサイトで誹謗中傷を書かれました。口コミサイト側に削除依頼をしたのですが、一向に対処してくれないので、刑事告訴しようと思います。生活安全課ではなく刑事課でお願いします」と伝えます。

ポイントは、「刑事課」に行くことです。

生活安全課に案内されても、相談を聞いてくれるだけで、何も対処してくれない場合があります。

「刑事告訴する」という目的があることを示すことが重要です。

対策3「最寄りの法律相談所に相談する」

「警察に行くのはちょっと敷居が高すぎる」と思う場合や、「刑事告訴するまででもない」と思える場合は、最寄りの弁護士や、「法テラス」に相談に行くことです。

法テラスとは日本司法支援センターの別名であり、国によって設立された法的トラブル解決の相談窓口です。

日本国民が刑事事件や民事事件問わず、気軽に相談できる窓口であり、年収が低い場合などの経済的に余裕のない人が法的トラブルにあったときに、無料法律相談や必要に応じて弁護士・司法書士費用などの立替えを行ってくれる場合もあるため、相談に行く敷居は低くなります。

法テラスは基本的には予約が必要となるので、ホームページ（http://www.houterasu.or.jp）に掲載されているコールセンターに問い合わせるか、タウンページなどで最寄りの相談窓口を調べてから相談しましょう。

地道ながらも一番強い対策

①口コミサイト運営者に削除してもらう
②警察に協力してもらう
③法律相談所に行ってアドバイスをもらう

ここまでで以上三つの対策をお伝えしましたが、基本的には口コミサイト運営者、警察、弁護士といった第三者がかかわるため、彼らが動いてくれるまでには時間がかかる場合も多くなります。

それをただ待つだけでは、時間もかかりますし、その間に失ってしまうビジネスチャンスの方が「逆ステマ」による風評被害より、金銭的に大きくなることもあります。

そこで、一番強い対策が「日々更新できるメディアを持つ」ということです。

日々更新できるメディアとは、「ブログ」「ツイッター」「フェイスブックページ」といったものです。「フェイスブックページ」という言葉は聞きなれないかもしれませんが、フェイスブックの機能の一つであり、情報を外部公開できるサービスのことです。

インターネットで非常に重要視されるのは、「更新され続けているかどうか」ということです。全く情報が更新されなければ、世間の潮流から離れ、どんどん古くなってしまいますし、見た人にとっても価値がありません。

逆に普段から更新され続けていれば、常に新しい情報が書かれることになるため、それを見る人にとってとても有益なものになります。

「見る人に有益」であるものは、グーグルやヤフーといったキーワード検索サービスで、検索結果の上位に来る可能性が高くなります。

基本的にインターネットで情報を検索する人は、検索結果が何万件、何百万件該当しても、上位の10件ぐらいしか見ません。だからこそ、検索結果の上位10件ほどに対し、ブログやツイッターやフェイスブックページなどで埋めてしまえば、「逆ステマ」を見る人は少なくなるのです。

さらに、人にはザイアンス効果（単純接触効果）というものが働きます。

この効果は、**繰り返し接すると好意度や印象が高まる**というものです。人は何度も見たり、聞いたりすると、次第に良い感情が起こるようになってくるとされています。実際に、何度も聞いている音楽や、何度も出会う人のことを、人は好きになっていくのです。

何度も見たり聞いたりすることで作られる潜在記憶が、「これは何度も見聞きしているから良いものだ」と認識してしまうのです。

だからこそ、資金力のある企業は、１日に何度も同じテレビコマーシャルを打ったりするのです。

つまり、日々の努力や日々の成長などをどんどん更新していくことで、たとえ一時、「逆ステマ」によって苦しめられても、その情報を何度も見る人を増やすことができれば、自然とその人たちからは「良い印象」を持ってもらうこともできます。

長い目で見れば、良い印象を持った人たちは、何度も繰り返し商品やサービスを購入してくれる可能性もあるため、日々の情報発信は重要なのです。

その他の「逆ステマ」

誹謗中傷の書き込みをする以外にも、「逆ステマ」として考えられるものがあります。

それが、「不正クリック」です。

「クリックモンスター」という社名の企業が展開していたサービスだったため、その会社の名前がそのままこの「逆ステマ」の事例として登場することもあります。

これは、ＰＰＣ広告を不正利用するものです。

ＰＰＣ広告とは、グーグルやヤフーなどの検索エンジンで、表示される広告です。例えば、インターネット利用者が検索エンジンで「自動車」と検索したときに、自動車販売店、自動車保険、自動車修理店、自動車教習所などの広告が表示されるといったものです。

ＰＰＣとは「Pay Per Click（ペイパークリック）」の略であり、広告出稿した企業は、自分達の広告がクリックされた回数に応じて、グーグルやヤフーにお金を支払います。

「不正クリック」とはこの仕組みを悪用し、ライバル会社が出しているＰＰＣ広告を何度もクリックして、ライバル会社に金銭的なダメージを与えるのです。

1回のクリックで課金される金額は数十円から数千円のものまであります。数十円という微々たる金額の場合もありますが、「不正クリック」を斡旋する業者は、プログラムシステムを用いて、自動的、かつ大量にクリックを行わせます。

不正クリックの被害を受けた側は、「何度もクリックされているのに、お客様が得られなかった」すなわち費用対効果が無いと判断し、撤退を余儀なくされることとなります。


この「不正クリック」に対処する方法としては、地道ではありますが、一人ひとりのお客様を大切にして、広告を出さなくてもお客様が来るようにすることです。

もちろん、ＰＰＣ広告を取りまとめているグーグルやヤフーといった検索エンジン側が、そのような「不正クリック業者」がかかわることができないような環境を作ることが重要ですが、経営的には、広告費をかけなくてもお客様がやってくる状況が最も利益率が高くなるのです。

第７章

ステマをしないために

ここまで読まれたあなたは、既にステマについての基本的な知識を身につけられたと思います。

しかし、**実はステマにおいて最も重要なことは、ステマから身を守るということよりも、「ステマをしない」という気構えを持つことです。**

特に、ビジネスに携わる人にとって、一番頭を悩ませるのは「営業」。つまり自分のサービスや商品を広く認知させて、お客様を集めることです。

残念ながら、世の中のすべてのサービスが支持されることはありません。上位の数%にお客様が集中し、残りの90%以上は、何かしら大変な状況に追い込まれます。

だからこそ、「背に腹は代えられぬ」ということで、ステマをしてしまう可能性もあるのです。

実際、食べログの問題でさえ、39社もの業者がステマを行っていたと特定されたのですから、残念ながらステマには大きな需要もあるのです。

もちろん、一生懸命頑張り、良いサービスや商品を作っているのに、なかなかお客様が集まらず、売っているものの品質は劣るのに、インターネット上で派手に露出している競合他社にお客様が取られるというのは非常に歯がゆいものです。

しかし、少なくともこの本を読んでいるあなたには、ステマをしない価値観を持っていただきたいと願っています。

バレた時のリスクが大きいステマ

ステマの一番の問題は、「ステマを行う側の倫理観や道徳観が損なわれることで、良い人生を歩むことができない」というような精神論ではありません。

発覚したときのリスクが非常に高いのです。

まずそのリスクの大きさを物語るのが、第１章で取り上げた、ステマに関するアンケートから導き出されている「ステマ」についての「2ちゃんねる投稿者の厳しい目」です。

まず、「2ちゃんねる投稿者」というのは、基本的にインターネットや技術に詳しい人たちが多いのです。

なぜかというと「匿名の掲示板」では、お互いの顔を見ずに情報をやり取りするからです。

お互いの顔が見えないと、人は魔がさすと相手を執拗に攻撃したり、過激な批判をすることがあります。

実際に匿名の掲示板では、日常生活では絶対に面と向かって人に言うことのない、罵詈雑言が頻繁に飛び交います。

そのような「いつ攻撃されるかわからない」ような場で、発言ができるというのは、インターネット初心者ではなかなか難しいものです。

例えば、インターネット初心者が「ステマとは何でしょうか?」ということを、そういった掲示板で発言すれば、「自分で調べろ」というような心無い反応が返ってくることも多いですし、なんでもない意見から、とんでもない人格批判に発展することもあります。

だからこそ、2ちゃんねる投稿者というのは、ある程度インターネットについて知っている人たちに絞られるのです。

そして、その2ちゃんねる投稿者は、ステマについて厳しい目を向けています。なぜなら、インターネットについて詳しいからこそ、「インターネット上の世界が、良い世界であって欲しい」という思いも持っているからです。

ですから、その世界を乱す行為については、断固たる態度を示すのです。

「火事と喧嘩は江戸の華」というような言葉もありますが、人は多少なりとも野次馬根性があり、人の争いをのぞき見たりすることが好きな部分がありますから、「炎上」「祭り」という言葉に代表されるように、ステマを行った業者や個人に対して、正義の名のもとに、鉄槌が下されることになるのです。

その一番の例が、「はちま起稿」の問題に現れるような、本人の素性や家族の写真まで公開されてしまうということでしょう。

正直、顔の見える世界では「やりすぎだ」と思われるようなことが、インターネット上の匿名の世界では起きてしまうのです。

もちろん、個人情報を本人の許可無く公開するような行為は、名誉毀損訴訟にも発展するような行為です。

しかし、2ちゃんねる投稿者もそのあたりは熟知し、逃げ切れる状況を作った上で投稿する智恵があります。

だからこそ、ステマを行わない姿勢が重要なのです。

客観的な視点を持つ

「ステマは行っていないつもりなのに、ステマだと書き込まれてしまう」

このような事態が起きる可能性もあります。

例えば、「お客様の感想集」というようなホームページや動画を作った場合などです。

作った側としては、実際にお客様からいただいたものですし、正真正銘の事実に基づくものだから何が悪いのだろうかと思うかもしれませんが、そのようには考えてくれない人たちも多くいます。

これを回避する手段の一つが「メリットだけでなく、デメリットも把握する」という客観的な視点を持つことです。そしてできる限り、感想も良い意見も悪い意見も両方載せるようにしましょう。

人は良い意見だけを見せられても、「世の中それほど、うまい話があるわけがない」と思って逆に疑うところがあります。しかし、そこで一見デメリットになるような点もしっかりと伝えることによって、「誠実だ」という印象を与えることもできるのです。

もちろん、不特定多数の人々が目にするインターネット上で、デメリットについて表記するのは勇気がいることです。

しかし勇気がいることだからこそ、なかなか多くの企業も個人もできることではないため、それが「差別化」にもつながるのです。

「手っ取り早く儲ける」という考えを捨てる

まだ誰もお客様がいないときや、赤字続きで困窮しているときは非常に難しいことではありますが、世の中に今まで無かった新しいサービスや商品を作り上げるさいに、

「時間をかける」という考えを持つことは非常に重要です。

お笑い芸人や歌手などが、瞬間的に大当たりして、1年以内で消えていくという「一発屋現象」というのを聞いたことがある人は多いと思います。

実際、早く作り上げられたものは、早く終焉を迎えます。逆に長い時間をかけられて育ったものは、その寿命も長いものです。

「ステマを行う」ということは、どこかに「もっと早く、もっと効率的に結果を出したい」という欲求が隠れています。

もちろん人間には「ラクをしたい」という欲求があるものですから、なかなか難しいことです。

しかし、前述のザイアンス効果にもあるように、人は何度も見聞きしたものには、信頼感や安心感を持ちます。そして、その信頼感や安心感は触れた回数に比例して大きくなっていくものです。

だからこそ、「単純なもの珍しさ」で爆発的なヒットを狙うよりも、地道だけれどコツコツ積み重ねていくという姿勢が、ステマをしない心構えを作ることにつながるのです。

お客様の生涯価値を高くする

「ライフタイムバリュー」という言葉があります。生涯価値とも訳されるもので、お客様との取引を始めてから終わりまでの期間にどれくらいの損益をもたらすかという指標です。

基本的には、「年間取引額×収益率×取引継続年数」という計算式で表されます。

ビジネスにおけるマーケティングの世界では、新規顧客に購入してもらうためには、既存の顧客にリピート購入してもらうよりも5倍の手間、コストがかかるとされています。

つまり、ビジネスを行う上では、一人のお客様と1回の取引で終わるのではなく、何度も取引してもらう方が効率が良いのです。

ステマは基本的に、「新規顧客を獲得する」ために行われるものです。

今は非常に情報があふれているので、新規顧客を獲得するためには、たくさんの美辞麗句が必要になります。そしてそのような肯定的な情報を集めるというのは、非常に手間も時間もかかります。

だからその手間や時間を節約するために、ステマが行われやすいのです。

それよりも、自分や自社の商品やサービスの内容を見直し、一人のお客様に対して、1回の購入で終わらせず、何度も繰り返し購入してもらうための方法を考え出す方が、結果としてビジネスを安定させるのです。

最高を追求し続ける

最後に、ステマを行わない価値観、体質をつくるために一番良い方法をお伝えします。

それが、「常に最高を追求し続ける」という姿勢を持つことです。

重要なのは「続ける」という姿勢です。

継続は力なりという言葉がありますが、続かなければ将来に不安を残します。たとえステマによって、短期間で爆発的な収益が上げられたとしても、もしその収益が続かなければ、翌年には累進課税により、高くなった税金の支払いに苦労することになります。

宝くじに当たった人が、お金持ちになり続けるよりも、逆に破産するという例が多いように、短期的な利益はコントロールすることが非常に難しく、身を滅ぼしてしまうことが多いのです。

また、地震などの天災や、火事や事故などで、一気に利益を失うこともありますし、盗難などの犯罪に巻き込まれたり、預けていた有価証券が紙くずになることもあります。

だからこそ、「生涯続けていく」くらいの姿勢を持ち、継続することが結果として潤うのです。

その上で「常に最高」を目指します。

「常に最高」というのは非常に難しいものです。時代の流れや人の趣向の変化でどんどん「最高」の形が変わります。

飲食であれば、昔は「お腹いっぱい食べる」ということが大事でしたが、現在は「健康的になれるものを選んで食べる」「年収に合わせて店を選んで食べる」ということが大事になっています。

社会人教育の世界でも、昔は「いかに今あるお金を上手に運用するか」ということがメインでしたが、現在は「いかに稼げる能力をつけるか」ということが重要になっています。

だからこそ、常に自分や自社に厳しい目を自分自身が向けて、「最高を追求しているか」ということを自問自答できることが重要なのです。

ステマは意外に誰でも簡単にできてしまいます。そして、やり方次第によっては、本当に大きな成果につながることもあります。

しかし、「お客様を騙す」という行為であることに変わりはありません。

人を騙そうとしていると、「自分も騙されるのではないか」とどんどん疑心暗鬼になっていきます。

猜疑心が強くなると、人は冷静な判断力を失い、そして、誰も信用できなくなります。誰も信用できず生きることほど、面白くなく、つまらない不幸な人生はないでしょう。

ステマに頼らなくてもしっかりとしたビジネスを作り上げていく、それこそが、究極的に人間が求めるという「安心」「安寧」を手に入れることにつながるのです。

あとがき

最後までお読みいただきまして誠にありがとうございます。

「ステルスマーケティング」という言葉に最初に出会ったとき、「第三者に成りすまして広告宣伝を行う」という、昔から「やらせ」とか「サクラ」と言われて使われてきた手法が、なぜこれほど注目を浴びることになったのか、正直よくわかりませんでした。


しかし、本書執筆のために、「なぜ、ステマが社会問題として広まっていったのか」を考えていくうちに、一つの結論が出ました。

それは、「社会全体が、上辺だけ良いものではなく、本質的に良いものを探し始めた」ということです。

あとがき

日本では「失われた20年」と言われ、経済大国としては世界2位から3位に順位を落とし、毎年少子高齢化社会が進み、さらに15～29歳までの若年層の自殺率は年々増えているという、一見、右肩下がりに思えます。

しかし、よくよく考えれば、失業率が高いといっても、介護事業をはじめ様々なところで、人材が足りない現象が起きていますし、サラリーマンの給料水準が低下したといっても、それに合わせて、２９０円居酒屋や、激安のファーストフード店などもできています。

インターネットのサービスに留まらず、テレビゲームやカラオケや球技やパーティーなどができる複合型のレジャー施設もいたるところにありますし、映画館とショッピングモールと遊戯施設を持った商業施設も日本各地に展開しています。

つまり、今の日本においては、本人が望めば、いくらでも欲しいものや受けたいサービスが手に入る状況なのです。

おそらく、江戸時代の将軍であっても、現在の私達のように好きなものを食べ、好きものが手に入り、ワクワクできるような娯楽に囲まれてはいなかったでしょう。

物質的なものが満たされた現在において、多くの人が欲しいと思うものは、物質ではなく「心」なのです。

だからこそ、人の心をないがしろにして、踏みにじるような「嘘」となるステルスマーケティングに、多くの人からの注目が集まり、非難の的になるのだと思います。

2011年の東日本大震災を期に、多くの日本人の心の中に「家族」「絆」「助け合い」という、人間の本来の「温かさ」を取り戻す動きが出てきていると言われますが、ステルスマーケティングはそんな風潮に「冷や水」をかけるような事件だったのかもしれません。

もちろん、これからもインターネットは発達し、数多くの人がインターネットの情報から購買行動を行っていくでしょう。

残念ながら、今後もステマによって利益を得ようとする個人や企業が存続するばかりか、新たなステマ手法も出てくることでしょう。

だからこそ、この本を読んでくださったあなたには、ステマに踊らされることなく、ステマをすることなく、インターネットを活用して、充実した人生を送っていただきたいと願っています。

最後に、本書の執筆にあたり、ご協力をいただいた、出版プロデューサーの岩谷洋昌さん、ステマについての貴重なアンケートデータを提供してくださった株式会社PR TIMES代表取締役社長　山口拓己様に、御礼を申し上げます。

平成24年8月

芳川充
木下裕司

芳川充（よしかわ　みつる）
ＳＥＯコンサルタント

１９６３年北海道生まれ。神奈川県茅ヶ崎市在住。

「ＳＥＯは売上の向上があって初めて成功といえる」との信念から、ＳＥＯとマーケティングをセットで考え、費用対効果を重視する姿勢を貫く。

上位表示の早さと継続性の両立には定評があり、これまでに約１０００に及ぶサイトの上位表示を手がけ、数多くの成功者を出してきた。


ＳＥＯ関連書籍の出版、寄稿多数。セミナーなども行い、どれも具体的で実践的、わかりやすいと好評を得ている。

また、「ウェブは文章内容こそが最も重要」との認識を持ち、自社サイトの中身の充実に力を注ぐとともに、ウェブ用記事作成代行及びブログ作成代行を行う。

その累計作成記事数は２万を優に超えており業界トップクラスを誇る。


著書に、『食品の迷信』（ポプラ社）『「最速」ＳＥＯ～たった２８日で上位表示する驚速ビジネスサイト構築術～』（技術評論社）『ＳＥＯ成功の法則～確実に結果を出す実証的ＳＥＯの新常識』（ＭｄＮ）がある。

木下裕司（きのした　ゆうじ）
IT ジャーナリスト　放送作家

１９７９年静岡県熱海市生まれ。神奈川県鎌倉市在住。

立教大学卒業後、プログラマーとして業務効率化システムの開発を経験した後、ＷＥＢシステムの企画・開発事業で独立する。

その後、ネットオークション統計サービスを運営する株式会社オークファンに、新規事業開発担当として入社。新サービスのプレスリリース・記者会見などの経験を通じて、広報・ＰＲのノウハウを身につけた後、再独立。

現在は、ＩＴ関連の最新技術やサービスに関しての出版活動や、ソーシャルメディアでの広報支援、インターネットテレビでの生放送番組やラジオ番組のプロデュースを行っている。


著書に『スマートテレビ革命』（総合法令出版）、共著に、『ゲーミフィケーション』（大和出版）『ネットオークション制覇の極意』（ぱる出版）『セカンドライフ 仮想空間のリアルなビジネス活用』（オーム社）などがある。

人の心を操作するブラックマーケティング
爆発的に広がる「ステマ」の実態

2012年9月3日　初版発行

著　者　芳川充　木下裕司
発行者　野村直克
発行所　総合法令出版株式会社
〒107-0052　東京都港区赤坂1-9-15
日本自転車会館2号館7階
電話　03-3584-9821㈹
振替　00140-0-69059
印刷・製本　中央精版印刷株式会社

ISBN978-4-86280-321-4

総合法令出版ホームページ　http://www.horei.com/

好評既刊

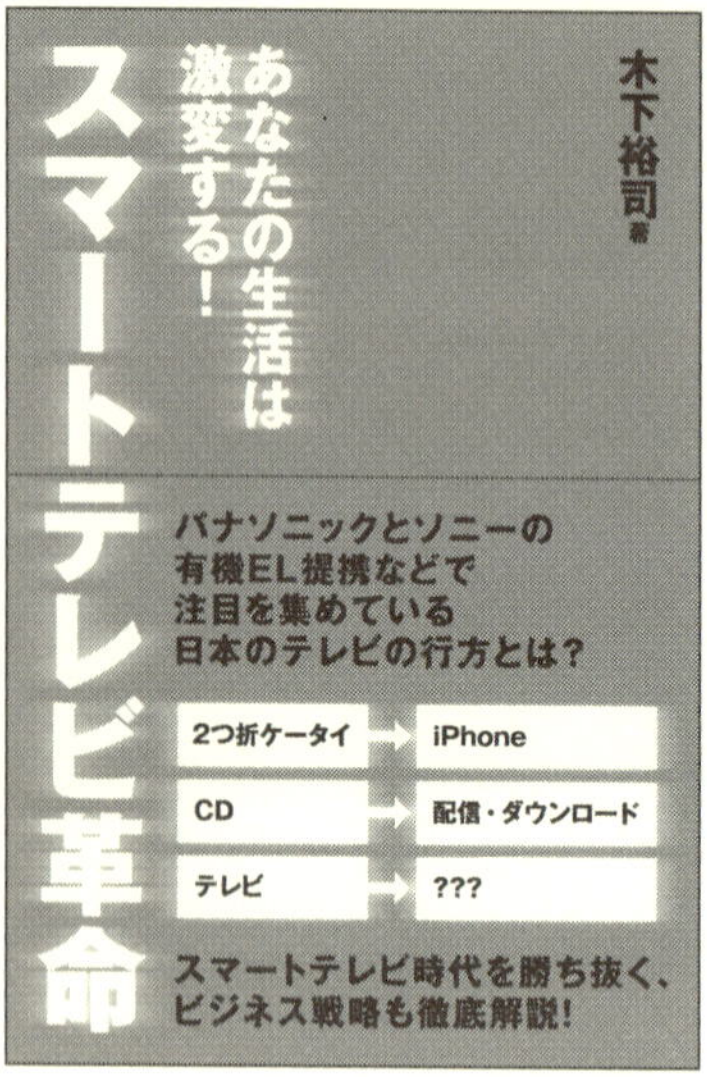

スマートテレビ革命

木下裕司 著 | 定価 1,300円+税

これからの日本のテレビの行方とは?


既にアメリカを始め、世界各国に普及し始めているスマートテレビ。

日本も２０１２年６月に総務省が日本の基本戦略を発表。

「国家」として取り組むものとして位置付けられることとなった。

このスマートテレビの普及によって、日本の産業構造は大きく変化し、マスメディアの在り方も変わり、そして、何より、「見ているだけ」であった私たち一般消費者のライフスタイルに革命が起きることになるのだ。

スマートテレビ時代を生き抜くビジネス戦略も徹底解説。